LEKTÜRESCHLÜSSEL FÜR SCHÜLER

Friedrich Hebbel

Maria Magdalena

Von Winfried Freund

W0327283

Philipp Reclam jun. Stuttgart

RECLAMS UNIVERSAL-BIBLIOTHEK Nr. 15361
Alle Rechte vorbehalten
© 2005 Philipp Reclam jun. GmbH & Co., Stuttgart
Gesamtherstellung: Reclam, Ditzingen
Printed in Germany 2005
RECLAM, UNIVERSAL-BIBLIOTHEK und
RECLAMS UNIVERSAL-BIBLIOTHEK sind eingetragene
Marken der Philipp Reclam jun. GmbH & Co., Stuttgart
ISBN 3-15-015361-1

www.reclam.de

Inhalt

1. Erstinformation zum Werk **5**

2. Inhalt **8**

3. Personen **16**

4. Gattung, Werkaufbau, Stil **25**

5. Wort- und Sacherläuterungen **39**

6. Interpretation **42**

7. Autor und Zeit **52**

8. Rezeption **70**

9. Checkliste **76**

10. Lektüretipps/Medienempfehlungen **79**

Anmerkungen **82**

Raum für Notizen **83**

1. Erstinformation zum Werk

Maria Magdalena: *ein repräsentatives Drama des bürgerlichen Realismus*

Friedrich Hebbels *Maria Magdalena*, am 13. März 1846 in Königsberg uraufgeführt, ist ein repräsentatives Drama des bürgerlichen Realismus. Anders als das klassische Drama mit seiner Darstellung großer Ideen und Ideale wird hier das Bühnengeschehen zum Spiegel realgesellschaftlicher Verhältnisse und Lebensbedingungen. Vergleichbar den realistischen Erzählern, die Gestalten und Erzähltes in einen authentischen Handlungsraum einbetten, bilden für Hebbel authentische Personen aus seinem Erlebenskreis die Modelle der dramatischen Figuren seines Stückes.

Bühnengeschehen: Spiegel realgesellschaftlicher Verhältnisse

Authentische Personen als Modell

Im April 1837 war Hebbel Untermieter bei dem Tischlermeister Anton Schwarz in München, dessen Namen und Beruf wir dort wiederfinden. Dessen Sohn Karl, im Februar 1837 aus der Arbeitsanstalt entlassen, wurde im Mai des gleichen Jahres wegen eines Diebstahls in Untersuchungshaft genommen. Wie Karl im Drama, zieht er nach seiner Entlassung fort. Aber auch Hebbel selbst teilt gewisse Züge mit seiner Figur. Selbstverwirklichung war für ihn ebenso nur jenseits der beengten Verhältnisse seiner Kindheit und Jugend denkbar. Wesselburen hat er nach seinem Auszug nie wieder betreten. Karls Schwester Josepha (Beppi) hatte Hebbel bereits 1836 kennen gelernt und ein intimes Verhältnis mit ihr begonnen. Eingegangen in die Gestalt der Klara ist aber vor allem Hebbels Hamburger Geliebte Elise Lensing, der er 1835 begegnet war. Sie gebar ihm zwei Söhne, die früh verstarben, ohne dass er sich zu einer Heirat mit ihr entschließen konnte. Als er 1846 in Wien die Schauspielerin Christine Enghaus kennen lernte, brach er das bestehende Verhältnis zu Elise Lensing ab. Anregungen sind zweifellos auch von der Gestalt Gretchens in Goethes *Faust* ausgegangen. In der Gestalt Leonhards reflektiert Hebbel sein eigenes problematisches Verhältnis zu Elise Lensing, sein fehlendes Verantwortungsbewusstsein und sein Schuldgefühl. Mit der Mutter Klaras und dem Sekretär hat Hebbel seiner 1838 verstorbenen geliebten Mutter und seinem im gleichen Jahr verstorbenen Freund Emil Rousseau ein Denkmal gesetzt.

Bindung an reale Personen

Sorgfältig studierte Verhältnisse an lebenden Modellen

Enge Beziehung zwischen gesellschaftlicher Realität und dramatischer Fiktion

Die auffallende Bindung an reale Personen ist typisch für Hebbels Auffassung vom bürgerlichen Trauerspiel, in dem der Konflikt aus gegebenen Verhältnissen selbst herauswachsen sollte. Dazu aber bedurfte es genauer sozialer Kenntnisse und Einsichten in das Bewusstsein und das Wertverhalten der dargestellten Schicht. Nicht die Ideen steuern die Handlung im bürgerlichen Trauerspiel, sondern die an lebenden Modellen sorgfältig studierten Verhältnisse, wie sie Hebbel auch aus seiner Zeit in Wesselburen vertraut waren. Gesellschaftliche Realität und dramatische Fiktion sind eng aufeinander bezogen. Daraus entspringt noch heute die Aktualität von Hebbels Drama, das bis in die unmittelbare Gegenwart hinein Neuinszenierungen erlebt.

■ Von moderner Literatur erwartet man weniger idealistische Orientierung als realistische Durchdringung und Auseinandersetzung. Literarische Gestaltung soll dazu beitragen, die oft komplexen Lebensverhältnisse durchschaubarer zu machen und die menschlichen Handlungsweisen besser zu erkennen und zu verstehen. Hebbels ausschließlich im bürgerlichen Erlebnisraum angesiedeltes Trauerspiel eröffnet Einblicke in einen bestimmten historischen Zustand des bürgerlichen Bewusstseins.

Einblicke in den historischen Zustand des bürgerlichen Bewusstseins

Zugleich aber tun sich aktuelle Bezüge insofern auf, als die Unterordnung des konkreten Menschen unter abstrakte Setzungen nicht nur in Hebbels Dramen zum Problem wird. Die Tragödie des fremdbestimmten Menschen hält unvermindert an. An die Stelle der moralischen Unterdrückung ist die Unterdrückung durch Ideologie und Technologie getreten. Die Allmacht des Wirtschaftlichen formt das abweisende Gesicht einer Gesellschaft, die den Menschen und die Menschlichkeit an den Rand drängt. Hebbels Drama offenbart das bürgerliche Bewusstsein, das persönlichen Erfolg und das persönliche Ansehen durch Unterwerfung unter überpersönliche Vorgaben anstrebt. Solange aber wie »Moral« und »Pflicht«, öffentliche Erwartungen, Systeme, wirtschaftliches Kalkül, Ideologie und Technologie den Menschen in den Hintergrund drängen und ihn letztlich zu überwältigen drohen, sind tragische Verstrickungen die Folge, bleibt Hebbels *Maria Magdalena* aktuell.

Aktualität des Dramas

2. Inhalt

Die Handlung spielt mit Ausnahme der Szenen 1–6 im dritten Akt ausschließlich in einem Zimmer im Hause des Tischlermeisters Anton.

Im **ersten Akt** probiert die schwer erkrankte, aber allmählich wieder genesende Mutter ihr Hochzeitskleid von einst in Gegenwart ihrer Tochter Klara an. Das Weiß des Kleides ist für sie Ausdruck fleckenloser Tugend, die sie der Tochter als verpflichtendes Ideal vorhält. Zugleich aber verweist es auf die Nähe von Hochzeit und Tod, Höhepunkt und Ende des menschlichen Lebens, denn das Hochzeits- wird bald auch ihr Leichenkleid sein.

In diese von Schwermut und düsteren Ahnungen bestimmte Eingangsszene dringt der Sohn Karl ein. Offenbar in Geldnöten, bittet er die Mutter um Unterstützung, die sie ihm jedoch verweigern muss, da sie über kein eigenes Geld verfügt. Karl, herausgeputzt mit einer goldenen Kette, erweckt den Eindruck eines Verschwenders. Trotz seiner Mehrarbeit im väterlichen Betrieb steckt er notorisch in finanziellen Schwierigkeiten.

Der Auftritt Karls bietet den beiden Frauen Anlass, über die Männer und deren problematisches Verhältnis zum Gefühl nachzudenken, das ihnen entweder abgeht oder das sie nicht zeigen wollen. Zum ersten Mal fällt der Name Leonhards, in dem die Mutter einen möglichen achtbaren Bräutigam für die Tochter sieht, während Klara selbst eher zurückhaltend reagiert.

Nachdem die offenbar völlig wiederhergestellte Mutter gegangen ist, betritt Leonhard die Szene. Er ist inzwischen zum Kassierer beim Bürgermeister avanciert. Um die Stelle zu erhalten, hat er vorher die bucklige Nichte des Bürgermeisters hofiert und Freunde dazu veranlasst, seinen Mitbewerber, den Neffen des Pastors, betrunken zu machen. Nun will er bei Klaras Vater um die Hand der Tochter anhalten und bringt in diesem Zusammenhang die Rede auf die tausend Taler, die Meister Anton in der Apotheke stehen haben soll, offenbar mit dem Hintergedanken an eine stattliche Mitgift. Im Gespräch wird deutlich, dass Leonhard Klara nach einem Tanzfest genötigt hat, sich ihm hinzugeben. Nur so glaubte er, Klara, die auf dem Fest auch ihrem Jugendgeliebten, dem Sekretär, wiederbegegnet war, unauflöslich an sich zu binden. Offenbar ist die von der Gesellschaft tabuisierte voreheliche Begegnung nicht ohne Folgen geblieben. Erst im Folgenden wird Schritt um Schritt geklärt, warum Klara Leonhards Drängen nachgegeben hat. Ein Rosenbusch mit seinen Dornen, so sagt sie zunächst selbst, habe sie festgehalten, nachdem sie Leonhard bereits zurückgestoßen hatte. Deutlich steht ihr nun das berechnende, intrigante Wesen des Mannes und dessen materielles Kalkül vor Augen. Die Folgen der fatalen Begegnung jedoch ketten sie schicksalhaft an den unwürdigen Vater des Kindes, das sie erwartet.

Die Ankunft des Vaters unterbricht das Gespräch. Geradeheraus kommt Leonhard auf den Anlass seines Besuchs zu sprechen. Meister Anton zeigt sich nicht abgeneigt, ihn als Schwiegersohn zu akzeptieren, kann jedoch seine Vorbehalte gegen die nachfolgende Generation nicht verschweigen. Ärger bereitet ihm sein Sohn Karl, der sein Versprechen nicht hält, den Gottesdienst zu besuchen. Auch Leonhard bekommt seinen Unmut zu spüren, weil er Klara lange Zeit vernachlässigt hat. Doch die Kritik hält den potenziellen Bräutigam nicht davon ab, die besagten tausend Taler ins

Spiel zu bringen. Groß ist seine Enttäuschung, als er erfährt, dass Meister Anton das Geld dem kürzlich verstorbenen Meister Gebhard, dem er viel zu verdanken hat, zur Verfügung stellte, um diesen seinerzeit angesichts des sicheren Bankrotts vor dem Selbstmord zu bewahren. Trotz der enttäuschten Erwartung hält Leonhard noch daran fest, Klara zu seiner Frau zu machen.

Im folgenden Gespräch der Eheleute scheinen sich zunächst Zufriedenheit und Eintracht einzustellen, wenn auch die dunklen, beunruhigenden Untertöne nicht fehlen. Wie beiläufig berichtet die Mutter von einem Grab, das der Totengräber ausgehoben hat und das ihr eigenes hätte werden können. Als die Rede auf einen Juwelendiebstahl beim Kaufmann Wolfram kommt, verdächtigt Meister Anton spontan seinen Sohn, der kurz vorher den Sekretär des Kaufmanns poliert hatte, aus dem die Juwelen gestohlen worden sind. Unverhohlen ist die Missachtung dem Sohn gegenüber, der offenbar viel Geld bei Wirtshausbesuchen und beim Kegelspiel lässt. Die Türklingel scheint den säumigen Karl anzukündigen. Doch nicht er, sondern zwei Gerichtsdiener treten ein, die Karl als den scheinbar sicheren Dieb bereits festgenommen haben und nun eine Hausdurchsuchung vornehmen wollen. Die eben erst wieder genesene Mutter trifft der Schlag. Sie stirbt auf der Stelle. Während Klara an die Unschuld des Bruders glaubt, ist Meister Anton von der Schuld seines Sohnes, dem Grund für den Tod der Mutter, überzeugt. Mit dem Brief Leonhards, der sich von der Schwester eines Diebs lossagt, ist der Scheitelpunkt der Katastrophe erreicht. Tief getroffen, beginnt Meister Anton nun auch an der Integrität der Tochter zu zweifeln. Doch Klara beteuert dem Vater, ihm niemals Schande bereiten zu wollen.

Die einleitende Szene des **zweiten Akts** setzt den Dialog zwischen Tochter und Vater fort, dessen beherrschende Stellung jedoch die Redeanteile Klaras zurückdrängt, sodass die dialogische immer wieder in die monologische Rede umschlägt. Für ihn ist seit dem Verdacht des Diebstahls, der auf seinen Sohn gefallen ist, eine Welt zusammengebrochen, zumal die Täterschaft angesichts der immensen Wirtshausschulden Karls noch umso zwingender erscheint. In makabrer Pointierung blickt der Tischler auf sein angebliches Meisterstück zurück, das er leistete, indem er den Sarg seiner Frau eigenhändig zunagelte. Tod und Niedergang dominieren. Seinen Argwohn erweckt die bleiche Leidensmiene seiner Tochter. Nach dem angeblichen Diebstahl seines Sohns hält er alles für möglich. Er will sich nicht schlafen legen, weil ihm träumen könnte, seine Tochter sei in die Wochen gekommen und würde bald ein uneheliches Kind zur Welt bringen. Niederschmetternd für Klara ist sein furchtbarer Schwur, sich das Leben zu nehmen, falls sie ihm Schande bereite. Nachhaltig erschüttert ist sein Vertrauen in die Welt, die, im Lichte betrachtet, keine Herberge für den Menschen ist, sondern eine Räuberhöhle. Bis in sein Unterbewusstes hinein reichen die erfahrenen Erschütterungen. Heimgesucht von düster-prophetischen Träumen, findet er auch im Schlaf keine Ruhe mehr. Das Schlimmste für ihn ist die Schande, der Verlust des bürgerlichen Ansehens, sodass es sich selbst ein ortsbekannter Dieb herausnimmt, den Meister auf der Straße anzusprechen. Für das, was die Kinder tun, glaubt der Vater, alle Verantwortung auf sich laden zu müssen. Vor den Leuten, die mit dem Finger auf ihn zeigen, flüchtet er am Ende zu seinem tauben Holzhändler im Gebirge, weil der von seiner Schande nichts gehört haben kann.

Wieder allein, wünscht sich Klara den Tod. Verzweifelt bietet sie Gott ihr eigenes Leben an, um das des Vaters zu retten. Der Auftritt des Kaufmanns Wolfram bringt nur vorübergehend Erleichterung. Karl ist unschuldig, da die offenbar geistesverwirrte Frau des Kaufmanns den inzwischen wieder aufgefundenen Schmuck entwendet hatte. Wie unter Zwang handelte sie mit dem Ziel, anderen Schaden zuzufügen, um sich dann an deren Unglück zu weiden. Wolfram lehnt jede Verantwortung für das Verhalten seiner Frau ab. Zwar ist Karl nun von jedem Verdacht gereinigt, die Mutter aber vermag niemand mehr lebendig zu machen. Wolfram weiß zu berichten, dass der Amtsdiener Adam, von Meister Anton vor einiger Zeit tief verletzt, mit großer Schadenfreude und erfüllt von Rachsucht, dem Verdacht gegen dessen Sohn nachgegangen sei. Klara bleibt mit zwiespältigen Gefühlen zurück. Ist sie es doch nun allein, die ihrem Vater Schande bereiten wird.

Während sie noch ihren düsteren Gedanken nachhängt, stürmt der Sekretär, ihre Jugendliebe, herein, erinnert begeistert an ihre gemeinsamen Kinder- und Jugendspiele und gerät angesichts des herrlichen Wetters ins Schwärmen, ohne allerdings die niedergedrückte Stimmung Klaras zu bemerken. Er kann nicht verstehen, dass sich Klara mit Leonhard verbinden will. Beide gestehen sich ihre alte Liebe. Leidenschaftlich dringt er in sie, seine Frau zu werden, und zwingt sie, sich ihm zu erklären, sein langes Schweigen während seines Studiums hat sie verunsichert. Das Drängen der Mutter, sich dem anderen zuzuwenden, dessen Zuneigung zu erwidern, der zunehmende Zweifel an der Liebe des einstigen Jugendfreundes haben sie zu einer Art Trotzhandlung getrieben. Mit der Hingabe an den ungeliebten Leonhard wollte sie unterstreichen, dass sie es nicht nötig hatte, auf den anderen, der sich ihr offenbar verschloss, zu warten. Als der Sekretär begreift, was wirklich vorgefallen ist und in welch aussichtsloser Lage sich Klara befindet, erscheint es ihm, obwohl er die eigene Mitschuld anerkennt, dennoch unmöglich, seiner Liebe zu einer Frau weiterhin Raum zu geben, die vorher schon ein anderer besessen hat. Leonhards Absagebrief lässt in ihm den Entschluss reifen, sich mit diesem zu duellieren. Klara aber macht sich auf den schweren Gang zu Leonhard, der nach der Entlastung Karls keinen Grund mehr hat, ihr die Ehe, die sie allein vor der drohenden Schande bewahren könnte, zu verweigern.

Im **dritten Akt** spielt die Handlung zunächst in Leonhards Zimmer im Bürgermeisteramt. Stolz hebt er seine verdienstvolle Arbeit hervor. Bedauernd blickt er jedoch auf den Abend mit Klara zurück, die er gezwungen hat, ihm zu Willen zu sein, um seine Eifersucht zu entkräften. Er hofft jedoch durch die Verbindung mit der buckligen Nichte des Bürgermeisters allen drohenden Schwierigkeiten zu trotzen, da er ja dann den Bürgermeister selbst auf seiner Seite hätte. Der Besuch Klaras überrascht ihn. Ohne Umschweife kommt sie zur Sache. Da Leonhards Brief nach dem Freispruch des Bruders gegenstandslos ist, bittet sie den Vater ihres Kindes, sie umgehend zu heiraten. Geduldig will sie alle Demütigungen ertragen, wenn er ihr und ihrem Vater nur die Schande ersparte. Doch Leonhard weist die dringlich vorgetragene Bitte zurück. Bereits vor dem Freispruch Karls hat er ein anderes Verhältnis angeknüpft und gibt vor, sich an sein Wort, das er der Nichte gegeben hat, gebunden zu fühlen. Entscheidend für seine ablehnende Haltung ist nicht zuletzt seine enttäuschte Erwartung einer stattlichen Mitgift. Indem er Klara zurückweist, will er zugleich dem Vater, der das Geld leichtfertig opferte, eine Lektion erteilen. Klara glaubt bei solchen Worten in die Hölle zu blicken, sagt sich von Leonhard los und kündigt ihren Selbstmord noch am gleichen Tage an, um sich ihres vergifteten Lebens zu entledigen.

Allein in seinem Zimmer, erkennt Leonhard spontan, dass er Klara heiraten muss. Schon auf dem Weg, ihr nachzueilen, tritt ihm der Sekretär entgegen und fordert ihn zum Pistolenduell im Wald, um die Schmach, die Leonhard Klara angetan hat, zu rächen. Voller Angst bietet der Herausgeforderte an, sich noch am gleichen Abend mit Klara zu verloben. Unnachgiebig aber drängt ihn der Sekretär ins Freie.

Die siebte Szene wechselt wieder in das Zimmer im Hause des Tischlermeisters. Karl, aus der Haft entlassen, spottet über die kleinbürgerliche Ordnung im Hause des Vaters, wo zweimal zehn Gebote gelten. Als Klara eintritt, setzt er seinen Spott über die spießige Enge im Elternhaus fort und kündigt an, zur See gehen zu wollen, um den beschränkten Verhältnissen für immer zu entkommen. Leitmotivisch stimmt er dabei ein Lied von der Freiheit des Seemanns an. Deutlich setzt er sich mit seinem Verlangen, frei zu sein, von der Ergebung des Vaters in die Enge ab. Ohne zu wissen, wie es um die Schwester bestellt ist, sieht er illusionslos die Katastrophe voraus, die ein uneheliches Kind auslösen würde. Klara aber fühlt sich endgültig angestoßen, ihr Vorhaben, sich das Leben zu nehmen, in die Tat umzusetzen. Angeblich, um ihrem Bruder das gewünschte Glas Wasser aus dem Brunnen zu holen, begibt sie sich auf ihren letzten Gang.

Während sie sich außerhalb der Szene in den Brunnen stürzt, begegnen sich noch einmal Vater und Sohn. Die fälschliche Beschuldigung Karls hält Meister Anton für ausgeglichen durch die heimlichen Schulden, die der Sohn gemacht hat und für die er nun aufkommen wird. Eine väterliche Entschuldigung gibt es nicht. Karls Vorhaben, zur See gehen zu wollen, nimmt der Vater gelassen hin. Der Auftritt des von einer Kugel getroffenen Sekretärs leitet die Schlussszene ein. Von ihm erfährt der Tischler vom Tode Leonhards im Duell. Die Bitte des Sekretärs an den Vater, die Tochter nicht zu verstoßen, öffnet Meister Anton die Augen über den wahren Zustand Klaras. Noch einmal bekräftigt er seinen Schwur, ihr den Platz zu räumen. Jäh wird das Gespräch unterbrochen durch die Nachricht vom Tode Klaras, die nach einem Augenzeugenbericht in den Brunnen gesprungen ist. Zunächst will Meister Anton den Selbstmord Klaras nicht wahrhaben, doch unmissverständlich verweist der Sekretär auf die Schuld des Vaters, der seine Tochter durch die eigene Selbstmordandrohung in den Tod getrieben habe. Nun erkennt auch der Sekretär seine Schuld. Hätte er doch Klara, obwohl sie sich einem anderen hingegeben hatte, in die Arme schließen müssen, statt sich mit dem Verführer zu duellieren. Die tödliche Kugel, die auch ihn traf, nimmt er als verdiente Strafe auf sich. Am Schluss steht Meister Anton allein auf der Bühne, an sich selbst und an der Welt verzweifelnd, die er nicht länger versteht.

3. Personen

Kleinbürger als Handlungsträger

Klara: Auslöserin und Opfer des dramatischen Konflikts

Absolute Geltung kleinbürgerlicher Moral

Im Unterschied zum bürgerlichen Trauerspiel im Stile Lessings, in dem sich Adlige und Bürger gegenüberstehen, gehören die Handlungsträger in Hebbels Drama ausschließlich der kleinbürgerlichen Schicht an. Im Zentrum steht **Klara**, die Tochter des Tischlermeisters. Ihr folgenschwerer voreheliche Kontakt mit Leonhard bereits vor dem Einsatz der dramatischen Aktion bringt sie in einen krisenhaften Widerspruch zur geltenden bürgerlichen Moral und setzt die eigentliche Konflikthandlung in Gang. Klara ist Auslöserin und Opfer des dramatischen Konflikts. Die absolute Geltung kleinbürgerlicher Moral, das unnachgiebige moralische Dogma, holen die Normverletzerin ein und verwandeln ihr Bewusstsein in eine Hölle von Selbstvorwürfen und Gewissensbissen. Ihr Verhalten in einem Augenblick unkontrollierter Reaktion hat tödliche Folgen.

Durch die Erziehung gebunden an die moralischen Vorstellungen und Verhaltensweisen ihrer Schicht, erwägt Klara in keiner Phase ihrer inneren Not die Chance eines gesellschaftlichen Ausbruchs. Fraglos nimmt sie die geltende Macht der Verhältnisse und moralischen Setzungen über den Menschen hin. Ihre gelegentliche Anrufung göttlichen Erbarmens und ihre bitter ironische Einsicht in die Erbarmungslosigkeit der Menschen vermögen ihr düsteres Schicksal nicht zu wenden. Klara ist das Opfer ihres Fehltritts, als ihr Bewusstsein in einem folgenschweren Moment außer Kontrolle geriet, und Märtyrerin des kleinbürgerlichen Moralrigorismus zugleich, der gnadenlos richtet, statt zu verstehen.

Klara: Märtyrerin des kleinbürgerlichen Moralrigorismus

Indem Klara die geltenden sittlichen Setzungen, in die sie hineingeboren ist, akzeptiert, spricht sie sich ihr eigenes Urteil und beschwört ihren eigenen Untergang herauf. Ihr Verhalten ist vorherrschend von Unterwerfung und Demutsbezeugungen bestimmt. Um das Leben des Vaters zu erhalten, ist sie bereit, ihr eigenes Leben auszulöschen, und um den Preis der ungeliebten Ehe, die vor der Schande bewahren könnte, will sie das Schlimmste auf sich nehmen. Ohne Bedenken ist sie entschlossen, im Falle eines Selbstmords auch das werdende Leben zu opfern, verräterischer Hinweis auf die Lebensfeindlichkeit der Gesellschaft. Nicht um das Glück, um persönliche Erfüllung geht es in dieser Welt, sondern um die Erfüllung unumstößlicher sittlicher Gebote. Der Einzelne, der sich außerhalb der eng gezogenen Grenzen bewegt und sie durch eigenes Verschulden missachtet, ist verloren und dem Untergang preisgegeben. Die kleinbürgerliche Gesellschaft ist für den Menschen nicht Heimat, in der er sich geborgen fühlen kann, sondern ein von spießiger Moral beherrschtes Getto, in dem jeder nur so lange Wohnrecht hat, wie er sich dem geltenden Gesetz unterwirft. Klara ist die Sünderin,

Klaras Akzeptanz der moralischen Setzungen

Verhalten bestimmt von Unterwerfung und Demutsbezeugungen

Lebensfeindlichkeit der Gesellschaft

Kleinbürgerliche Gesellschaft: ein Getto

Klara erfährt keine Gnade

der keine Gnade widerfährt. Nur die Sünde verbindet sie mit Maria Magdalena, der biblischen Gestalt, nach der Hebbel sein Drama benannt hat. Klara aber begegnet keinem Gott, der ihr großzügig verzeiht und sich ihrer erbarmt. Bei aller Reue wird ihr jede Chance zur büßenden Wiedergutmachung versagt.

Mutter: Bindung an die öffentlich erwartete Tugend

Für **Klaras Mutter** verläuft das Leben ohne individuelle Profilierung zwischen dem Höhepunkt der Hochzeit und dem Tiefpunkt des Sterbens. Dazwischen gilt es, sich ohne Fehl und Tadel an die öffentlich erwartete Tugend zu binden. Leben bedeutet Arbeit und soziale Verantwortung. Sparsamkeit und Fleiß im Haushalt und die gottesfürchtige Erziehung der Kinder bestimmen den Aufgabenkreis der Frau. Eine eigenständige, persönliche Entwicklung ist nicht vorgesehen.

Als ihr Sohn des Diebstahls verdächtigt wird, stirbt sie auf der Stelle, da ein Leben ohne öffentliches Ansehen nicht mehr lebenswert ist. Nur im Einklang mit der kollektiven Moral kann der Einzelne überleben. Für Klara, die durch das fleckenlose Weiß des mütterlichen Hochzeitskleides nur umso schmerzlicher an ihr eigenes schuldhaftes Verhalten erinnert werden muss, kommt eine solche sittlich verengte Lebenshaltung einem Verdammungsurteil gleich.

Tischlermeister Anton: Abhängigkeit vom öffentlichen Ansehen

Wie seine Frau kann der **Tischlermeister Anton** nur im öffentlichen Ansehen existieren. Dies erwirbt man aber allein durch Arbeit, Fleiß und peinlichst geordnete Lebensverhältnisse. Für alles, was die eigenen Kinder tun, trägt Meister Anton im Guten wie im Bösen die volle Verantwortung, in ihnen spiegelt sich die im Elternhaus herrschende Ordnung. Ordnungswidriges Verhalten aber, ein Lebenswandel außerhalb der gebotenen Ordnung, lassen das Elternhaus in einem schlechten Licht erscheinen. Wie für seine Frau gilt auch für Meister Anton die unbedingte Bindung an die Religion und an die Kirche. Was die überkommenen Werte vorschreiben, ist für ihn unantastbar. Während der Sohn durch sein angebliches Verbrechen den Tod der Mutter verursacht hat, droht auch die Tochter den Vater in den Tod zu treiben, da er, wie er droht, unweigerlich Hand an sich selbst legen wird, wenn sie ihm Schande bereite. In eigentümlichem Widerspruch stehen die erklärte religiöse Bindung und die unversöhnliche Haltung, die Verweigerung von Verstehen und Verzeihen. Tiefster Grund aber für eine solche Einstellung ist die eigene Identitätsschwäche, die kleinbürgerliche Selbstunterwerfung unter das allmächtige öffentliche Urteil. Nur dem, der den traditionellen Wertmaßstäben genügt, wird ein Platz in der Gemeinschaft eingeräumt. Hellsichtig erkennt Meister Anton selbst, dass eine solche Welt keine Herberge für den Menschen ist, sondern eine Räuberhöhle, in der man ständig auf der Hut sein muss. Im Handeln der geistesverwirrten Frau des Kaufmanns, die jeweils hämische Freude über den Schaden empfindet, den sie anderen zufügt, spiegelt sich der pathologische Zustand der Gesellschaft. Zum Schluss, nach dem von ihm selbst heraufbeschworenen Selbstmord seiner schwangeren Tochter, bricht in ihm sein kleinbürgerliches, sittliches Weltver-

Bindung an Religion und Kirche

Unterwerfung unter das Urteil der Öffentlichkeit

Welt: Räuberhöhle für den Menschen

Frau des Kaufmanns: spiegelt den pathologischen gesellschaftlichen Zustand

ständnis zusammen. Verständnislos und isoliert steht er vor der Auflösung seiner Familie. Seine Frau und seine Tochter sind tot, und der Sohn wird ihn auf immer verlassen. Die peinlichst beachtete Moral schafft keine Lebensmöglichkeiten, sondern treibt die Menschen in den Tod oder in die Flucht. Im Würgegriff sittlicher Verengung bleibt zum Schluss der scheinbar beherrschende Vertreter der Spießermoral auf der Strecke.

Außerhalb des Elternhauses sind es vor allem **Leonhard** und der **Sekretär**, die Klaras Schicksal entscheidend mitbestimmen, die Vertreter der jungen Generation, an denen Meister Anton ausdrücklich Kritik übt, und die jeder auf seine Weise die Gesellschaft und ihre Normen in Frage stellen. Für **Leonhard** ist Klara zunächst eine gute, mit einer stattlichen Mitgift ausgestattete Partie, die man sich nicht entgehen lassen sollte. Als der Sekretär, die Jugendliebe Klaras, die Szene betritt, nötigt er sie zu vorehelichen Kontakten und hat dabei umso leichteres Spiel, als der andere sich von Klara scheinbar entfernt hat und die Mutter auf eine Verbindung mit Leonhard drängt. Indem sie sich dem Druck von außen beugt, bereitet sie sich ihre eigene Katastrophe. Leonhard versteht es, hinter der Fassade erwarteten kleinbürgerlichen Wohlverhaltens rücksichtslos seine Ziele zu verfolgen. Wie er sich durch massive Nötigung Klara gefügig macht und sie bei erstbester Gelegenheit wieder fallen lässt, weil sie ihm keine Mitgift garantiert, so verschafft er sich durch Intrigen und Vortäuschung von Gefühlen für die bucklige Nichte des Bürgermeisters das Amt des Kassierers. Virtuos weiß er die Spielregeln seiner Gesellschaft für

Leonhard verfolgt rücksichtslos seine Ziele

Nutzt die Spielregeln für den eigenen Vorteil

den eigenen Vorteil zu nutzen. Dem Scheine nach bleibt er im Recht. Wie man ihm offenbar nicht zumuten kann, die Schwester eines Diebs zu ehelichen, und er erst dann, mit der zweiten eine Verbindung eingeht, als er sich von der ersten losgesagt hat, so ist es auch kaum zu leugnen, dass er im Vergleich mit seinem betrunkenen Mitbewerber die eindeutig bessere Figur macht. Doch alles ist das Werk eines geschickten Drahtziehers, der die anderen zu Marionetten degradiert. Eine Gesellschaft aber, die solche Manöver und Strategien ermöglicht und zulässt, gerät selbst ins Zwielicht und wird unglaubwürdig. In dem Maße, wie die Werte den Menschen und nicht der Mensch die Werte bestimmt, triumphiert am Ende der bloße Wertschein. Leonhard, getragen von öffentlichem Ansehen, respektvoll redet ihn Meister Anton mit »Herr Kassierer« an, wird durch die Privatinitiative des Sekretärs gerichtet, der ihn im Duell erschießt.

Geschickter Drahtzieher

Sekretär als Richter Leonhards

Der **Sekretär** ist die Schlüsselfigur für die Erkenntnis der menschlichen Unzulänglichkeiten in der kleinbürgerlichen Gesellschaft. Wie alle anderen ist auch er zunächst bestimmt von dem geltenden Verhaltenskodex. Als er erfährt, dass Klara bereits einem anderen gehört hat, reicht seine Liebe nicht aus, sich über diesen Umstand hinwegzusetzen. Zu sehr steht er unter dem Einfluss der geltenden Erwartungen und Normen, nach denen eine Frau unberührt in die Ehe gehen muss. Einmal mehr siegt die abstrakte Moral, die in diesem Fall nur für die Frau gilt, über den konkreten Menschen und

Sekretär: Schlüsselfigur für die Erkenntnis menschlicher Unzulänglichkeiten

Sieg abstrakter Moral über konkrete menschliche Not

seine Not. Indem er Leonhard im Duell erschießt, erweist er Klara auf der einen Seite nur einen Bärendienst, da er den Vater ihres Kindes tötet, aber auf der anderen wird er zum Richter über eine Gesellschaft, die Menschen zu Opfern verkümmern lässt. Am Ende ist ihm sowohl die Schuld Meister Antons als auch die eigene bewusst. Beide sind sie schuldig am Tod Klaras: der Vater, weil er die Tochter durch seinen Schwur in den Selbstmord getrieben hat, den er nun nicht wahrhaben will, weil sich in ihm das Gewissen zu regen beginnt, und der Sekretär, weil er Klara, nachdem sie sich ihm offenbart hatte, nicht verziehen und sie im Geiste echter Liebe in seine Arme geschlossen hat. Getroffen von der tödlichen Kugel, stehen ihm nun zu spät die Wege vor Augen, die aus der tragischen Vernichtung herausgeführt hätten. Nur das Verständnis und die Zuneigung zum andern, ungeachtet der moralischen Vorurteile, hätten das Schlimmste abwenden können. Gerade im abschließenden Verhalten des Sekretärs tritt die hausgemachte Tragik der kleinbürgerlichen Gesellschaft klar zutage. Tragisch aber ist nun vor allem, dass nichts mehr zu ändern ist.

Karl: Aussteiger aus unmenschlichen Verhältnissen

Stellen der heuchlerische Falschspieler Leonhard und der erkennende und richtende Sekretär die gesellschaftliche Enge, an die sie sich jedoch weiterhin gebunden fühlen, in Frage, so entschließt sich **Karl**, der Sohn des Tischlermeisters, ihr den Rücken zu kehren. Er wird zum Aussteiger aus Verhältnissen, in denen der Mensch nicht gedeihen kann. Als Seemann, in der Weite des Meeres, hofft er, frei zu werden und zu sich selbst zu finden. Hatte er zunächst versucht, seine Frustrationen im Alkohol zu ertränken, so wird ihm nach seiner zu Unrecht erfahrenen Beschuldigung bewusst, dass ihn nur die Flucht retten kann, wenn er nicht wie seine Schwester, deren Leiche er bezeichnenderweise entdeckt, zugrunde gehen will. Anders als der Sekretär, der zu spät erkennt, verabschiedet er sich frühzeitig aus einer Gemeinschaft, in der er als Mensch keine Chance hat. In seinem Freiheitsdrang wird Karl zum eigentlichen Gegenspieler des Kleinbürgers. Sein Verhalten zeigt Auswege aus der Sackgasse menschlicher Verkümmerung. Wenn die Heimat dem Einzelnen weder Geborgenheit noch Entwicklungschancen bietet, ist es nur konsequent, sich aufzumachen zu einer Heimat, die er sich selbst zu schaffen hat. Karls Handeln hebt die hausgemachte Tragödie des Kleinbürgertums auf.

Verabschiedung aus einer chancenlosen Gemeinschaft

Ausweg aus der Sackgasse menschlicher Verkümmerung

Die Personen

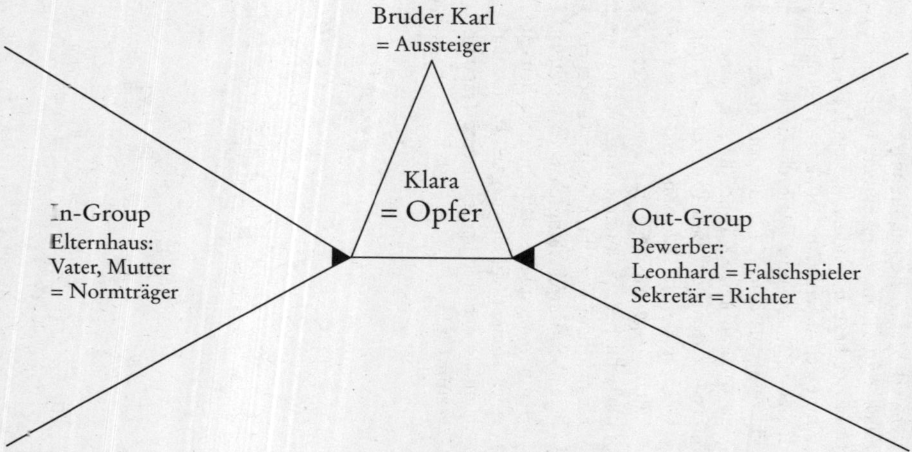

4. Gattung, Werkaufbau, Stil

»Das bürgerliche Trauerspiel ist in Deutschland in Misskredit geraten, und hauptsächlich durch zwei Übelstände. Vornehmlich dadurch, dass man es nicht aus seinen inneren, ihm allein eigenen, Elementen, aus der schroffen Geschlossenheit, womit die aller Dialektik unfähigen Individuen sich in dem beschränktesten Kreis gegenüberstehen, und aus der hieraus entspringenden schrecklichen Gebundenheit des Lebens in der Einseitigkeit aufgebaut, sondern es aus allerlei Äußerlichkeiten, z. B. aus dem Mangel an Geld bei Überfluss an Hunger, vor allem aber aus dem Zusammenstoßen des dritten Standes mit dem zweiten und ersten in Liebesaffären, zusammengeflickt hat.«[1]

Hebbels Vorwort: Auseinandersetzung mit dem bürgerlichen Trauerspiel

Auseinandersetzung mit Lessing

Herauswachsen des bürgerlichen Trauerspiels aus den bürgerlichen Verhältnissen

In seinem berühmten Vorwort setzt sich Hebbel grundsätzlich mit der Gattung des bürgerlichen Trauerspiels auseinander. Zentral geht es ihm um die Neubelebung des vor allem von Lessing in Deutschland begründeten Genres, das den tragischen Konflikt in einer explizit bürgerlichen Welt entfaltet. Als Gegenentwurf zu der von der Ständeklausel bestimmten Tragödie, in der nur höhere Standespersonen auftreten durften, wird hier dem Bürger ausdrücklich die Fähigkeit zu tragischem Konflikterleben zugesprochen. Zwei Generationen nach Lessing aber kritisiert Hebbel die vorherrschende Entwicklung der Tragik aus dem Zusammenstoß von Bürgertum und Adelswillkür. Das bürgerliche Trauerspiel muss nach seiner Vorstellung den tragischen Konflikt aus den bürgerlichen Verhältnissen selbst herauswachsen lassen. So erst ließe sich echte Tragik begründen.

Hebbels Konzeption ist wie die Lessings abhängig von der jeweiligen geschichtlichen Situation. Während das 18. Jahrhundert noch deutlich durch die soziale Spannung von Adel und Bürgertum gekennzeichnet war, hatte sich das Bürgertum im 19. Jahrhundert bereits wirtschaftlich erfolgreich etabliert. Insofern lag es nahe, den tragischen Konflikt nun ganz in der bürgerlichen Welt anzusiedeln. Was Hebbel allerdings übersieht, ist, dass das sittliche Bewusstsein des Bürgers, seine rigorose Tugendbindung, die ihn tragisch verstrickt, gerade in der sozialen Konkurrenz mit dem Adel seine Wurzeln hat. Nur sein strenges Tugendethos vermochte ihn von dem freizügigen, oft libidinösen Adligen abzusetzen und in ihm das Gefühl eines höheren Menschentums aufkommen zu lassen. In dem Maße aber, wie er sein Selbstverständnis an die sittliche Norm band, verlor er an sinnlicher Unmittelbarkeit und individuellem Anspruch. Die Unterwerfung unter das abstrakte Gesetz bedingte die Tragik des konkreten Menschen. Ohne die soziale Opposition im 18. Jahrhundert, wie sie sich in Lessings *Miß Sara Sampson* (1755) und *Emilia Galotti* (1772) spiegelt, wäre Hebbels *Maria Magdalena* undenkbar. Der tragische Konflikt allerdings ist anonymer geworden. Gerät bei Lessing die bürgerliche Tugend noch in Konflikt mit der im Adligen verkörperten Unmoral, so ist es bei Hebbel der Konflikt der sittlichen Norm mit dem ihr unterworfenen Menschen. Nur so entfaltet sich die echte Tragödie, »denn das Tragische«, so

Gestaltung des Konflikts von Mensch und sittlicher Norm

heißt es in dem bereits zitierten Vorwort, »muss als ein von vornherein mit Notwendigkeit Bedingtes, als ein, wie der Tod, mit dem Leben selbst Gesetztes, und gar nicht zu Umgehendes, auftreten […].«[2] Die Gleichsetzung von existenziellem und sozialem Schicksal, wie sie hier erfolgt, erscheint heute allerdings fragwürdig. Der Mensch muss zwar sterben, er muss sich aber nicht auf Gedeih und Verderb den gesellschaftlichen Bedingungen unterwerfen.

Fragwürdigkeit der Gleichsetzung von existenziellem und sozialem Schicksal

Die Tragik Klaras erwächst aus ihrer fraglosen Unterwerfung unter die kleinbürgerliche Sittennorm. Für Meister Anton selbst gerät das bisher dogmatisch Geglaubte ins Wanken, und der Sekretär spricht aus, was hätte geschehen müssen, um der tragischen Verstrickung zu entkommen. Immerhin wird dadurch deutlich, dass es grundsätzlich Wege aus der Sackgasse des von kleinbürgerlichen Setzungen verschuldeten Dilemmas gibt. Eine Figur wie Karl hebt das tragisch Zwingende geradezu auf, indem er sich den gesellschaftlichen Bedingungen entzieht. Der Tod ist überall, aber draußen in der Weite des Meeres ist die Enge, aus der die tragischen Verwicklungen entspringen, überwunden. Ein modernes Verständnis hat die tragische Absolutheit zu relativieren, so wie es Hebbel im Grunde selbst schon vorbereitet. Tragisch scheint heute vor allem, dass der Einzelne seine Bindung an die abstrakte Setzung nicht als Bornierung, als Selbstfesselung des konkreten Menschen begreift. Tragische Ausweglosigkeit, wenn diese sich gründet auf den Mangel an Liebe und Verständnis, spricht dem Menschen die Fähigkeit zu lieben und zu verstehen

Die Tragik: Anstöße zur Erkenntnis der Problematik

ab und muss bei einer Neubegegnung mit dem Drama problematisiert werden.
Das eigentliche bürgerliche Trauerspiel ist die Übermacht der Setzungen – das, was die Menschen sich selbst gesetzt haben – über den Menschen. Indem Hebbel in seinem Drama Anstöße zur Erkenntnis dieser Problematik gibt, scheinen aktuelle Lesarten durchaus möglich. Einmal mehr erweist sich der Dichter, in diesem Fall der Dramatiker, dem Theoretiker und Programmatiker überlegen. Auch hier gilt weniger die gedankliche Setzung als die lebendige Aktion der Bühnenfiguren.

Prototyp des analytischen Dramas

Hebbels *Maria Magdalena* ist auf den ersten Blick ein Prototyp des analytischen Dramas. Die entscheidende, konfliktauslösende Handlung, die Hingabe Klaras an Leonhard, liegt vor Beginn des Bühnengeschehens. Schrittweise werden das Vorgefallene und die Beweggründe enthüllt. Vor allem die Fragen nach den Motiven Klaras drängen den dramatischen Prozess voran und begründen beim Zuschauer eine gespannte Erwartungshaltung.

Klaras erster Hinweis, sie sei von den Dornen eines Rosenstrauchs zurückgehalten worden, betont das schicksalhaft Unausweichliche der Begegnung. Doch das Schicksal, so wird im weiteren Verlauf deutlich, hat durchaus seine Gründe. Vor allem ist es die Mutter, die der Tochter den Bräutigam Leonhard nahe gelegt hat. Klara handelt also als folgsames Kind, indem sie glaubt, den verinnerlichten mütterlichen Wunsch erfüllen zu müssen. Aber auch in sich selbst drängt es Klara, dem Verlangen Leonhards entgegenzukommen. In einer Trotzhandlung will sie dem Sekretär, ihrer Jugendliebe, der sich lange Zeit nicht um sie gekümmert hat und ihr auch jetzt noch keine besondere Beachtung zu schenken scheint, zeigen, dass auch ein anderer sie begehrt. Im Grunde handelt sie in einer Art Torschlusspanik, aus Angst, sitzen zu bleiben. Aus der folgenschweren vorehelichen Begegnung erwächst der tragische Konflikt, begleitet von scheinbar zufälligen Äußerungen der handelnden Personen, die jedoch deutlich auf den krisenhaften Zustand Klaras anspielen. Das Weiß des mütterlichen Hochzeitskleides stellt im grellen Kontrast Klara die eigene befleckte Tugend vor Augen. Die Warnungen des Vaters, ihm keine Schande zu machen, und schließlich sein furchtbarer Schwur, sich das Leben zu nehmen, wenn die Tochter ein uneheliches Kind erwarten sollte, treiben ihr Schuldbewusstsein auf den Höhepunkt und führen sie zu dem Entschluss, dem angedrohten Selbstmord des Vaters mit dem eigenen zuvorzukommen. Selbst der Bruder stellt ihr die Katastrophe vor, die aus einem Fehltritt mit Folgen erwachsen würde. Während die Familienangehörigen aber unwissend nur auf die Möglichkeit eines Fehlverhaltens verweisen, wissen natürlich Leonhard und, nachdem sich Klara ihm offenbart hat, auch der Sekretär, in welcher Krise die schwangere Frau steckt.

Voreheliche Begegnung Impuls für den tragischen Konflikt

Die Unwissenden aber wie die Wissenden, die sich das Schlimmste vorstellen bzw. in Kenntnis der schlimmen Wendung handeln – Leonhard, indem er die Verantwortung von sich schiebt, und der Sekretär, indem er Klara zu rächen sucht –, treiben den dramatischen Prozess unweigerlich der Katastrophe zu. Aus der schrittweisen analytischen Enthüllung entspringt das zielgerichtete Schick-

Analytische Enthüllung – Schicksalsdrama

salsdrama, die schlimmstmögliche Wendung im Finale. Klara, die tragische Zentralgestalt, wird fortgerissen von dem Sog sich offenbar verselbstständigender Konsequenzen und erfüllt durch ihre Selbsttötung das über sie verhängte Schicksal.

Doch auf den zweiten Blick stellen sich Bedenken ein gegen dieses eindeutige Verständnis von Hebbels Stück als ein sich katastrophal zuspitzendes analytisches Enthüllungsdrama. Bereits der Titel lässt aufhorchen. Maria Magdalena, sofern man die Anspielung auf die biblische Gestalt ernst nimmt, ist keine tragische Figur. Zwar sündigt sie, aber ihre Sünde wird durch die Gnade versöhnender Liebe vergeben. Was in der dramatischen Fiktion in die Katastrophe mündet, sollte jedoch in der Realität nicht der Fall sein, zumindest stellt der Titel eine ebenso christliche wie menschliche Herausforderung dar. Unterstützt wird solches Verständnis nicht zuletzt durch die abschließenden Erkenntnisse des Sekretärs. Allein die vorurteilslose Liebe, die auch Maria Magdalena zuteil wird, hätte den tragischen Ausgang verhindern können: »ich, statt sie, als ihr Herz in namenloser Angst vor mir aufsprang, in meine Arme zu schließen, dachte an den Buben, der dazu ein Gesicht ziehen könnte, und – nun, ich bezahl's mit dem Leben« (95).

Titel als christliche und menschliche Herausforderung

Vorurteilslose Liebe als Abwendung von Klaras tragischem Schicksal

Wird hier eine Lösung, die möglich gewesen wäre, unmissverständlich angedeutet, so zeichnet sich in der künftigen Lebensplanung des Bruders Karl ein Gegenentwurf im Sinne einer Lösung des tragischen Konflikts

Lebensplanung Karls als Gegenentwurf zum tragischen Konflikt

ab. Der Entschluss, aus der kleinbürgerlichen Enge in die Weite des Meeres aufzubrechen, öffnet Perspektiven und gibt den Menschen Zukunft. Nur der, welcher vor der scheinbaren Übermacht der Verhältnisse nicht kapituliert, sondern sie hinter sich lässt, erhält eine Chance zur Selbstverwirklichung. Die Verhältnisse, in denen eine Figur wie Meister Anton dominiert, sind nicht die Welt. Sie sind ein Getto, in das sich der Mensch selbst eingesperrt hat. Karls Plan, die eng gezogenen Grenzen zu überschreiten, weitet das geschlossene zum offenen Drama, das eine Perspektive zumindest in Aussicht stellt. Nicht die sich ereignende Katastrophe hat das letzte Wort. Am Ende steht vielmehr die mögliche Lösung aus tragischer Verstrickung. Die empfundene Ausweglosigkeit, die Klara zum Sturz in den Brunnenschacht trieb, scheint überwindbar in der Weite des Meeres. Dem Tod der Schwester steht der Lebenswille des Bruders gegenüber, der Todesangst unter der spießigen Moraldiktatur die Hoffnung auf ein Leben in Freiheit. Hebbels Drama ist mit seinem Angebot einer existenziellen Alternative ein durchaus schon modernes Drama. Das Finale bedeutet nicht wirklich das Ende, sondern leitet einen Aufbruch ein.

Künstlerische Durchformung

Im Unterschied zum klassischen Blankversdrama ist Hebbels *Maria Magdalena* in Prosa geschrieben, die dem gewählten sozialen Umfeld in besonderem Maße angemessen erscheint. Die abgewogene Wortwahl, die ausgefeilte Syntax auf der einen und die symbolischen Verweise, die biblischen Anspielungen wie die Neigung zu Sentenzen auf der anderen Seite lassen jedoch einen erheblichen Grad an künstlerischer Durchformung erkennen. Unüberhörbar wird so das dramatische Geschehen auf Distanz gerückt und objektiviert.

Sinnbildlich ist gelegentlich das, was die Personen wirklich an sich tragen oder sich im Vergleich vorstellen. Die Mutter tritt auf im Hochzeitskleid, auf das in den langen Jahren ihrer Ehe kein Fleck gefallen ist. Dem gegenüber steht das Kleid der Tochter, an dem sie von dem Rosenbusch mit seinen Dornen bei der fatalen Begegnung zurückgehalten wird. Makellose Ehe und voreheliche Erotik bilden einen grellen, sinnbildlich fassbaren Kontrast. Der Sohn Karl trägt provozierend eine Goldkette, Ausdruck der Selbstaufwertung und der Freude an einem schönen Leben, das aber in den Augen seiner Umgebung als Verschwendung erscheint. Der Vater glaubt aus Ärger über seinen verschwendungssüchtigen und dem Gottesdienst fernbleibenden Sohn, einen Mühlstein um den Hals zu tragen, der ihn ständig herabzuziehen droht. Lebensfreude und moralische Misanthropie werden an sprechenden Requisiten ablesbar.

Neigung zu kontrastivem Sprechen

Überhaupt fällt eine Neigung zu kontrastivem Sprechen auf. Natur und Mensch stehen sich oft widerspruchsvoll gegenüber. Auf die Natur ist für Meister Anton Verlass. Der grünende Baum verspricht Blüten und Früchte, während die Entwicklung der Menschen nicht vorhersehbar ist. »Kinder sind wie Äcker« für ihn, »man sät sein gutes Korn hinein, und dann geht Unkraut auf« (49). Als der Sekretär Klara zum ersten Mal wieder aufsucht, zeigt sich die Natur von ihrer schönsten Seite. Alles, die Pflanzen und die Tiere, stimmen in den Preis der Schönheit und des Glücks ein, nur Klara ist aus dem Einklang mit der Natur herausgefallen. Der Sonnenschein kommt ihr wie festgenagelt vor. Die Zeit scheint für sie stillzustehen, ohne Perspektive für ein künftiges Leben. Leitmotivisch tauchen die Verweise auf Grab und Brunnen auf. Das frisch ausgehobene Grab, dem die Mutter noch einmal entkommen scheint, ist am Ende, nachdem sie der Schlag getroffen hat, doch für sie bestimmt. Oft ist vom Brunnen die Rede, aus dem Klara am Ende ein Glas für ihren Bruder zu schöpfen verspricht. Aber das Wasser des Lebens ist für sie versiegt. Der Brunnenabgrund, in den sie sich stürzt, wird ihr Grab. Brunnen und Grab sind in einer Gesellschaft identisch, in der die Lebensmöglichkeiten unterdrückt und abgeschnitten werden.

Handlungsräume

Durchaus ambivalent ist das Verständnis der einzelnen Handlungsräume. Das Zimmer im Elternhaus Klaras, der dominante Schauplatz der dramatischen Aktionen, sollte im Grunde Schutz und Geborgenheit spenden. Aber das Elternhaus bietet in krasser Enttäuschung solcher Erwartung starre Morallehren, Gefährdungen und Bedrohungen. Der Einzelne verkümmert in der Enge und lebt in ständiger Angst davor, gegen die rigiden Vorschriften zu verstoßen. Selbst für Meister Anton ist das Heim keine Herberge für den Menschen, sondern eine Räuberhöhle. Leonhards Zimmer im Bürgermeisteramt ist der Ort, wo der Bürger seine Anliegen und Probleme vortragen kann und ihm Recht widerfährt. Klara allerdings erleidet dort bitteres Unrecht durch Leonhard, der sich weigert, Verantwortung zu übernehmen. Auch hier wird die eigentliche Erwartung enttäuscht. Für Menschen in Not gibt es in dieser Gesellschaft offenbar weder Schutz noch Recht. Gerade in der ironischen Behandlung der Handlungsräume spiegelt sich die menschliche Obdachlosigkeit.

Die biblischen Anspielungen

Auffällig sind die häufigen biblischen Anspielungen. Gleich zu Anfang spricht die Mutter von den sieben Jungfrauen im Evangelium, gemeint ist das Gleichnis von den fünf klugen und fünf törichten Jungfrauen (Matth. 25,1–13). Die klugen, versorgt mit ausreichend Öl für ihre Lampen, begegnen Christus und gelangen in das Himmelreich, die törichten aber, die noch Öl nachkaufen müssen, verpassen den Herrn und werden nicht mehr eingelassen. Während jenen keine Frist gewährt ist, glaubt die Mutter, dass Christus ihr gegenüber gnädiger gewesen sei. Kurz darauf stirbt aber auch sie. Die geglaubte Frist war nur eine Illusion, die Bibel behält am Ende Recht. Leonhard empfiehlt Klara »ohne Falsch wie die Taube« zu sein, er wolle dann »klug, wie die Schlange« (45) sein. Der zitierte Evangelienspruch, hier bezogen auf die Rollenverteilung in der Ehe, enthüllt aber erst seine Wahrheit, wenn man den Vordersatz heranzieht: »Siehe, ich sende euch wie Schafe mitten unter die Wölfe« (Matth. 10,16). In der Tat ist Klara wie ein Schaf in der Begegnung mit Leonhard unter die Wölfe gefallen. Leonhard, der nur den zweiten Teil zitiert, verrät sich im Grunde selbst. Einmal mehr spricht die Bibel die Wahrheit aus. Und noch ein weiteres Mal verrät sich Leonhard durch eine biblische Anspielung. Im Zuge seiner Werbung um die Tochter verweist er im Gespräch mit Meister Anton auf Jacob, der sieben Jahre um Rahel warb (1 Mose 29,18). Aber er kann auch nicht verschweigen, dass Jacob für seine Dienste von Rahels Vater fette Widder und Schafe bekam (1 Mose 30,25 ff.). Geschickt setzt er das Bibelzitat ein, um seinen Anspruch auf eine gute Aussteuer der Tochter zu betonen. Vergleichbar mit dem biblischen Jacob geht es ihm weniger um die Liebe als um den Reichtum.

Gelegentlich sind es auch nur einzelne Bilder und Vorstellungen aus der Bibel, die verwendet werden, um die Wahrheit zu enthüllen. Sowohl der Sekretär als auch Klara stellen im Bilde der Schlange das Falsche und Böse in der Schöpfung dar. In Klaras Augen erscheint der doppelzüngige Leonhard wie die Schlange, die den Menschen verführt und ins Verderben stürzt. Leonhards Inneres enthüllt sich ihr als der »Abgrund der Hölle« (83). Wo immer die Bibel bemüht wird, spricht sie Klartext über die Menschen, ihre Beweggründe und ihr Schicksal.

Sentenzen, Sinn- und Denksprüche

Neben den biblischen Anspielungen fallen die Sentenzen, die Sinn- und Denksprüche auf, die aber hier weniger eine treffende Erkenntnis formulieren als verräterische Vorurteile. »… die Mode läuft solange vorwärts, bis sie nicht mehr weiterkann und umkehren muss« (35). Die pointierte Aussage der Mutter hebt die eigene, ganz dem traditionell Wiederkehrenden verhaftete Anschauung hervor. Einen echten Fortschritt gibt es für sie nicht. Das Alte kommt immer wieder. Stets ist man darauf aus, den anderen zu beobachten und zu beurteilen und macht dabei sein Urteil häufig an Äußerlichkeiten fest. »Wer keinen Appetit hat, der hat kein gut Gewissen!« (61). Unumstößlich, keinen Widerspruch duldend, macht sich Meister Anton ein Bild von seiner Tochter. Gerade die, die sich im Besitz moralischer Wahrheit fühlen, neigen zu sentenzartigem Sprechen. Als der Sekretär von dem Fehltritt Klaras erfährt, formuliert er seine vorurteilsbefangene Einstellung wie einen ewig gültigen Verhaltensgrundsatz. »Darüber kann kein Mann weg!« (76). Mitunter dient ein flott formulierter Spruch nur dazu, sich zu entlasten. Als Klara Leonhard von dem furchtbaren Schwur ihres Vaters berichtet, um ihren Ehewunsch besonders dringlich zu machen, reagiert er mit einer oberflächlichen Beschwichtigung: »Hand und Hals sind nahe Vettern. Sie tun einander nichts zuleide!« (79).

Hebbels Gedicht Der junge Schiffer

Ein einziges Mal, am Ende des dritten Akts, wechselt Hebbel von der Prosa in den Vers. Karl singt ein Lied vom Aufbruch in die See und identifiziert sich dabei offenbar mit dem nach Freiheit verlangenden Seemann. Die Verse in den Szenen acht bis neun entsprechen wörtlich Hebbels Gedicht *Der junge Schiffer*[3].

Der Anker wird gelichtet,
Das Steuer flugs gerichtet,
Nun fliegt's hinaus geschwind! (90)

Aus der Enge des Hafens geht es hinaus in die Weite des Meers. Die Ruhe weicht der Bewegung, das Verharren der Veränderung, die Dauer dem Wechsel. Jubelnd genießt der Schiffer die Fahrt ins Blaue.

Da draußen ist mein Reich!
Ich bin ja jung von Jahren,
Da ist's mir nur ums Fahren,
Wohin? Das ist mir gleich! (92)

Jugend bedeutet Aufbruch und Unterwegssein. Nicht drinnen in der räumlichen und persönlichen Beschränkung erfüllt sich der junge Mensch, sondern draußen in der Unendlichkeit der Welt. Der Weg ist zugleich das Ziel. In Meister Anton und seinem Sohn Karl stehen sich Alter und Jugend gegenüber, die alte untergehende Welt und die neue heraufziehende Zeit.

Prosa versus Vers

Die Prosa ist Ausdruck dessen, was ist, der Vers aber weist voraus auf das Mögliche, auf das, was sein könnte und vielleicht eines Tages sein wird. Nicht die ewige Rückkehr des Alten wie es die Mutter sieht, sollte bestimmend sein, sondern der Aufbruch zu neuen Ufern. In Gestalt Karls und seines poetischen Glaubensbekenntnisses plädiert Hebbel am Ende für die Jugend und für die notwendige Verjüngung einer alt gewordenen, reaktionären Gesellschaft.

Die Struktur

Handlung vor Beginn des Dramas		Das Drama		Handlung nach Ende des Dramas
Vergangenheit	→	**Gegenwart**	→	**Zukunft**
Klaras Hingabe an Leonhard		Klaras Schicksal		Der Aufbruch Karls
Konflikt auslösende Handlung		Konflikt, Krise, Katastrophe		Konflikt vermeidende Handlung

5. Wort- und Sacherläuterungen

29 [Widmung] Hebbel dankt seinem Landesherrn, dem dänischen König Christian VIII. (1786–1848), für ein zweijähriges Reisestipendium von je 600 Talern.

Erster Akt

35,16 f. **Myrtenbaum:** Der Myrtenkranz galt als Zeichen der jungfräulichen Braut.

36,25 **himmlische Hochzeit:** »Das Himmelreich ist gleich einem Könige, der seinem Sohn Hochzeit machte« (Matth. 22,2). Jesus ist nach mystischer Vorstellung der Bräutigam, die Seele seine Braut.

36,26 **sieben Jungfrauen:** In der Bibel ist die Rede von den fünf klugen und den fünf törichten Jungfrauen (Matth. 25,1–13). Die fünf törichten Jungfrauen, die Öl für ihre Lampen nachkaufen mussten, verpassen Jesus, ihren Bräutigam, und werden nicht mehr in den Himmel eingelassen.

39, 10 **Docke:** (mhd. *tocke*) Puppe, Mädchen.

45,16 f. **ohne Falsch, wie die Taube … klug, wie die Schlange:** »Siehe, ich sende euch wie Schafe mitten unter die Wölfe; darum seid klug wie die Schlangen und ohne Falsch wie die Tauben« (Matth. 10,16).

46,22 **Er:** höfliche Anredeform für nichtadlige Personen, entspricht dem heutigen Sie. Auch die eigenen Kinder redeten den Vater ehrerbietig in dieser Form an.

50,29 **Mühlstein:** Wer den Kindern etwas zuleide tut, so heißt es in der Bibel, sollte sich besser einen Mühlstein umhängen und sich ersäufen (Matth. 18,6). Selbstironischer Hinweis Meister Antons auf seine Bürde.

51,15 **Mahlschatz:** bildlicher Ausdruck für Mitgift.

52,1 **Werwolf:** eigentlich »Mannwolf«. Im Schlaf kann nach alter mythischer Vorstellung den Mann die Seele verlassen, er verwandelt sich in einen Wolf, der auch Menschen tötet.

54,21 f. **einen Riss ins Papier zu machen:** den Schuldschein ungültig zu machen.

54, 32 **apart:** (frz.) besonders.

55,34 **Tort:** (frz.) Kränkung, Unrecht.

57,5 **Ordre:** (frz.) Auftrag, Befehl.

57,16 **bosseln:** Kegel schieben (Bossel: Kegelkugel).

59,27 **Suchet … finden!:** »Suchet, so werdet ihr finden« (Matth. 7,7). Hier ironisch gebraucht.

Zweiter Akt

62,35 **Hippe:** ein Gartenmesser in Form einer Sichel. Sinnbild für die Sense des Todes.

63,12 **Kantor:** Leiter des Gemeindegesangs (lat. *cantor* ›Sänger‹).

64,25 **Gaudieb:** veraltet für Gauner.

69,36–70,1 **Fallmeister:** Gemeint ist der Abdecker, dessen Aufgabe es ist, Tierkadaver zu beseitigen.

71,18 **Justinian:** byzantinischer Kaiser (527–565), bedeutend für die Rechtssprechung.

71,18 **Gajus:** römischer Jurist (117–180), Autor eines Lehrbuchs für Privat- und Prozessrecht.

71,25 **Corpus juris:** die auf das Betreiben Justinians erfolgte Sammlung römischer Rechtsquellen und Aufzeichnungen des gesamten römischen Rechts.

72,6 **Lex Julia:** ein römisches Ehegesetz zur Förderung der Verheirateten mit Kindern.
72,9 **desparat:** korrekte Schreibung: desperat (lat. *desperatus*); hoffnungslos, verzweifelt.
77,7 **Odem:** veraltet für Atem.

Dritter Akt

81,11 **Nickel:** Schimpfwort der Bergleute für Erz, aus dem kein Kupfer gewonnen werden kann.
81,12 **Schock:** Maßangabe: 60 Stück
87,8 **Martini:** Fest des heiligen Martin am 11. November.
87,9 f. **Du sollst … lieben:** Anspielung auf Luthers Katechismus: »Erstens soll man ihm [Gott] von ganzem Herzen vertrauen, ihn fürchten und ihn lieben in unserem ganzen Leben.«
89,25–92,13 **Dort bläht … gleich!:** Die von Karl gesungenen Verse ergeben zusammengefügt Hebbels Gedicht *Der junge Schiffer.* Sowohl Karl als auch der junge Schiffer formulieren persönliche Einstellungen und Haltungen Hebbels.
93,12 f. **Fastnachtsochsen:** Im Rahmen eines alten Fastnachtsbrauchs wurde ein junger Ochse durch die Straßen getrieben.

6. Interpretation

»Welcher Vater drohte heutzutage ernsthaft, sich die Kehle zu durchschneiden, weil seine Tochter ein uneheliches Kind bekommt? Welche Tochter, die Pille im Nachtkastl, kriegt überhaupt noch ein uneheliches Kind, und wenn schon, warum sollte sie sich deshalb umbringen?«[4] Was noch bei der Königsberger Uraufführung im Jahre 1846 fraglos der Fall war, wird bei der Darmstädter Neuinszenierung aus dem Jahr 1968 zusehends fragwürdig. Die sklavische Abhängigkeit vom öffentlichen Urteil ist geschwunden, die moralischen Erwartungen haben sich gelockert. Voreheliche Sexualität ist zum Regelfall geworden, die Folgen sind normalerweise kontrollierbar. Ist das Drama aber deswegen unspielbar, weil moralisch überholt? Die immer wieder versuchten Neuinszenierungen sprechen eine andere Sprache. Es scheint, als ob es weniger ankäme auf die moralische Argumentation, die ist in der Tat überholt, als vielmehr auf die tragischen, weiterhin virulenten Einstellungen und Haltungen, die dahinter stehen.

Als das Bühnengeschehen im Stile des analytischen Dramas einsetzt, hat die sexuelle Überrumpelung Klaras durch Leonhard längst stattgefunden. Was der Film vielleicht voyeuristisch ins Bild setzen würde, ist für das Bühnenstück unwichtig. Alles kommt nun darauf an, das Geschehene zu reflektieren und die Konsequenzen abzuwägen. Dabei stehen die Maßstäbe, die an den Fall angelegt werden, selbst zur Diskussion, vor allem die Fragen nach ihrer Herleitung, Begründung und Rechtfertigung. Der drama-

Das Bühnenstück reflektiert das Geschehene und wägt die Konsequenzen

tische Konflikt entspringt aus dem gesetzten Fall und seiner versteckten bzw. offenen Verurteilung. Die Figuren sind Sprachrohre der geltenden Moralnorm, die sie unerschütterlich vertreten, erleiden, relativieren oder ironisieren.

Figuren als Sprachrohre der geltenden Moralnorm

Schon bei Einsatz der dramatischen Handlung, als der Fall, Klaras sexuelle Verfehlung, noch gar nicht bekannt gemacht worden ist, wird klar, wie die Mutter urteilen würde, wenn er einträte. Fleckenlos jungfräulich muss die Braut sein, wenn sie in die Ehe eintritt. Voreheliche Sexualität ist ein Makel, der nicht wieder abzuwaschen ist. Erschreckend ist die ganz und gar intolerante, unversöhnliche Haltung, das vernichtende Urteil ohne die Chance einer Revision. Was sich hier offenbart, ist die rigide Moral des Bürgers, der er sein gesellschaftliches Ansehen verdankt. In der Auseinandersetzung mit dem freizügigeren Adel konnte er sich allein durch strengere ethische Bindungen profilieren (vgl. S. 26). Sexualität ist dabei nur ein, wenn auch besonders spektakuläres Beispiel. Entscheidend ist das unduldsame Urteil, die Bereitschaft zu vernichten, um selbst nicht vernichtet zu werden.

Unversöhnliche Haltung

Das bürgerliche Trauerspiel ist die Tragödie des bürgerlichen Menschen, der die Tugend zum Maßstab aller Dinge erhebt und ihr Knecht statt ihr Meister ist. Zwar hat der Bürger sich einen gesellschaftlich achtbaren Platz erobert, aber um den Preis des unbeschwerten Genusses. Als der Sohn Karl nachdrücklich einen Gulden von der Mutter fordert, erinnert sie sich an das Stück Zucker, das sie ihm als Kind gewährt hatte und das sie ihm besser abgeschlagen hätte, um seine Genusssucht von vornherein zu unterdrücken.

Eltern, die ihre Kinder hin und wieder verwöhnen, tun ihnen nichts Gutes, sondern gefährden sie. Es gilt, sich ausnahmslos nach der strengen Moral zu verhalten, die den Verzicht anstelle der Erfüllung einfordert. Zuneigung und Liebe, die gewähren, ungeachtet moralischer Gebote, sind ganz zurückgedrängt und spielen keine Rolle. Unduldsamkeit und Lieblosigkeit sind es, die die kleinbürgerliche Gesellschaft in Hebbels Dramen kennzeichnen, Einstellungen, die Klara, die dem Mann sexuell nachgegeben hat, von vornherein zu einem hoffnungslosen Fall machen. Offene Aussprache und Geständnis sind ausgeschlossen. Wer in den Augen der andern und der eigenen gefallen ist, weil er sich mit den anderen identifiziert, bleibt in sein Elend wie in ein inneres Getto eingesperrt. Jedes Geständnis zieht unweigerlich die totale Verurteilung nach sich. Ein soziales Angebot an den Einzelnen, seine Probleme und Konflikte gemeinsam zu lösen, gibt es nicht. In dem Maße, wie das Kollektiv vorverurteilt, bleibt dem Individuum nur die Verdrängung dessen, was nicht sein darf.

Unduldsamkeit und Lieblosigkeit

Wie die Mutter vertritt auch der Vater entschieden das Dogma kleinbürgerlicher Moral. Allein der Gedanke daran, dass ihm die Tochter Schande bereiten könnte, provoziert seinen furchtbaren Schwur, sich für den Fall, der ja längst eingetreten ist, umzubringen. Die herrschende Moral, an die sich der Einzelne selbst versklavt, bedroht ihn in seinem elementaren Lebensanspruch. Die Mutter stirbt auf der Stelle, als sie von dem schändlichen angeblichen Diebstahl ihres Sohnes hört. Die Eltern bleiben ein Leben lang verantwortlich für das, was die Kinder tun. Schaden diese ihrem eigenen Ansehen,

Vater und Mutter: dogmatische Vertreter kleinbürgerlicher Moral

so ist auch das Ansehen jener dahin. Ohne Ansehen aber, ohne den vollkommenen Einklang mit der öffentlichen Moral, kann der Einzelne nicht überleben. Daher will auch Meister Anton lieber aus dem Leben gehen als die Schande zu ertragen. Die unversöhnliche Gemeinschaft treibt den Menschen, der gegen ihre Prinzipien verstößt oder sich für den Verstoß der Kinder verantwortlich fühlt, in den Tod und in den Selbstmord. Kritisch verweisen aber gerade die äußersten Konsequenzen auf die Menschenverachtung und Lebensfeindlichkeit einer Gesellschaft, in der der Mensch für die sittlichen Setzungen und Gebote da ist, diese aber nicht für ihn.

Überleben des Einzelnen ausschließlich im Einklang mit der öffentlichen Moral

Kirchgang und Gottesdienst sind dazu da, die Gebote aufzufrischen. Der Gott der Kleinbürger ist ein strenger Richter über die Einhaltung des Gebotenen. Wer die Normen verletzt, sündigt. Gnade und Verzeihen sind nicht vorgesehen. Die Kirche ist aber auch Fluchtort vor der Unwirtlichkeit der selbst verschuldeten Enge. Sie schließt hermetisch ab von der bunten, lustigen Naturwelt, zu der der Kleinbürger sich den Zugang versperrt hat und die ihn erinnert an die täglichen Entsagungen und die Freudlosigkeit seines eigenen Daseins. Erst wenn sich die Kirchentür hinter ihm geschlossen hat und sein Blick auf das Beinhaus und die Toten fällt, stellt sich die wahre Andacht ein. Es ist ein Glaube, der nicht das Leben, sondern den Tod in den Mittelpunkt rückt.

Die Kirche als Fluchtort

Fraglos unterwirft sich Meister Anton solcher Weltsicht, aber es ist ihm auch bewusst, dass die Welt, in der er sich täglich bewegt,

Meister Anton

kein Heim für Menschen ist, sondern nach seinen eigenen Worten eine Räuberhöhle, die dem Einzelnen Zufriedenheit und Glück raubt.

Die Frau des Kaufmanns

Grotesk spiegelt sich diese Welt in der geistesverwirrten Frau des Kaufmanns und ihrem verrückten Handeln. Sie empfindet eine diebische Freude, wenn sie anderen Schaden zufügt, sie in Not und Bedrängnis bringt. In einer Gesellschaft, in der jeder über den anderen und dessen Normgerechtigkeit wacht, kann es kein echtes mitmenschliches Verhalten geben. Der eine ist des anderen Wolf. Die seelisch gestörte Frau ist getreues Abbild einer seelenlosen Gesellschaft. Immer wieder fügt Hebbel kritische Erkenntnissignale ein, die eine klare, missbilligende Sprache sprechen.

Leonhard

Deutlich wird dies auch an einer Gestalt wie dem Verführer Leonhard. Gerade dadurch, dass er die Gebote missachtet und Klara zu vorehelichem Beischlaf nötigt, macht er sie sich gefügig und sichert sich die vorgestellte Mitgift. Er weiß genau, dass die Frau allemal in der schwächeren Position ist, und ihr Vater keine Gnade kennt, keine Gnade kennen darf. Eine Gesellschaft, die sich auf Gedeih und Verderb an einen starren Moralkodex bindet, wird berechenbar und manipulierbar. Eingeübt in das unmenschliche Verhalten seiner Umgebung, nutzt Leonhard seine Chance, ungeachtet des Leids, das er anderen zufügt. Als er seine Vermögenserwartungen getäuscht sieht, wendet er sich bei der erstbesten Gelegenheit unter fadenscheinigen Vorwänden von Klara ab, indem er wiederum zum Scheine moralisch im Sinne geltender Gebote argumentiert. Durchaus folgerichtig ist es auf den ersten Blick, wenn er sein neues Amt beim Bürgermeister für unvereinbar mit der Heirat einer Diebesschwester hält. Dabei reichen der bloße Verdacht und was am Einzelnen trotz erwiesener Unschuld hängen bleibt aus. Leonhard führt entlarvend vor, wie man im Schein des Rechts und des geltenden Gebots zum Unmenschen werden kann, ohne auf normalem Weg zur Rechenschaft gezogen werden zu können.

Der Sekretär

Während Leonhard von vornherein keine echten Gefühle für Klara aufbringt, gesteht der Sekretär ihr, dass er sie aufrichtig liebe und sie heiraten wolle. Aber schon bei der ersten Prüfung seiner Liebe versagt er, obwohl ihn Klara ihrer Liebe versichert. Die Vorstellung, dass ein anderer Mann Klara besessen hat, ist ihm unerträglich. Eine Frau, und das ist auch für ihn unumstößliches Gebot, muss unberührt in die Ehe gehen. Das Gebot oder besser Vorurteil erweist sich als stärker als das Gefühl. Auf der Strecke bleiben einmal mehr der Mensch und seine Liebe. Erst später, nachdem der Sekretär Leonhard im Duell unsinnigerweise getötet hat, er selbst aber auch von einer tödlichen Kugel getroffen ist, erkennt er sein Fehlverhalten. Menschlich und einer wahren Liebe gemäß wäre es gewesen, Klara zu seiner Frau zu machen und ihr Kind als das seine anzuerkennen. Stattdessen verschuldet er den Tod dreier Menschen, den Leonhards, Klaras und des ungeborenen Kindes. Aber auch die zu späte Einsicht des Sekretärs ist eines der kritischen Erkenntnissignale des Dramas.

Quelle der Tragik

Die Tragik wäre grundsätzlich abwendbar, wenn man nicht die Moral, sondern den Menschen absolut setzte. Doch dazu ist die kleinbürgerliche Gesellschaft nicht in der Lage. Es ist eine Tragik des bornierten Bewusstseins, keine Tragik, wie sie unausweichlichen Wertkonflikten entspringt. Wo die Borniertheit durchschaut wird, wie es der Sekretär beispielhaft vorführt, ist die kleinbürgerliche Tragik aufgelöst. Dass die Einsicht zu spät kommt, ist weniger tragisch als unglücklich.

Klara

Klara vermag sich bis zu ihrem Ende nicht aus der kleinbürgerlichen Borniertheit zu lösen. Sie vertritt die unemanzipierte Frau ihrer Zeit und ihrer Schicht. Sie ist bereit, eine Ehe mit einem ungeliebten Mann einzugehen, nur um den öffentlichen Erwartungen zu entsprechen und vor allem ihrem Vater die Schande zu ersparen. Fraglos unterwirft sie sich der geltenden menschenverachtenden Moral. Bewusst ist ihr die erbarmungswürdige Stellung des Menschen, der von seinem Gott Erbarmen erfleht und erwartet, weil ihn die eigene Gesellschaft entmündigt hat. Aber ganz verhalten dämmert ihr auch, dass es den erkennenden Gott vielleicht gar nicht gibt, »Gott im Himmel, ich würde mich erbarmen, wenn ich du wäre, und du ich!« (74). Verräterisch ist der Konjunktiv, die im Grunde irreale sprachliche Setzung. Wie der Mensch niemals an die Stelle Gottes treten kann, so wird auch niemals das Mögliche wirklich werden und Gott sich der Menschen erbarmen. Wo die anonyme Gesellschaft mit ihren unbarmherzigen Moralgesetzen herrscht, ist der Mensch immer nur geknechtet, und sein Gott ist der gnadenlose Richter, der den Gefallenen nicht aufhebt, sondern hinrichtet. Der angedrohte Selbstmord des Vaters lässt Klara keine Wahl, wenn sie nicht den Tod des Vaters verschulden will wie ihr Bruder den der Mutter. Ihr Opfer aber gilt weniger dem leibhaftigen Vater als der toten Moral. Sie wird zur Märtyrerin kleinbürgerlicher Enge, aus der sie sich selbst nicht heraustraut. Ihr selbstgewählter Tod und der Tod des ungeborenen Lebens bilden den Höhepunkt der Menschenverachtung und der

Lebensfeindlichkeit in einer Gesellschaft ohne Liebe, ohne Gnade und ohne Hoffnung.

Karl

Karl ist der Einzige, der am Ende ausbricht. Nur er übt unverhohlen Kritik an den kleinkarierten Vorschriften seines Umfelds. Spöttisch macht er sich lustig über den moralischen Übereifer, der die bestehenden zehn Gebote verdoppelt und die Menschen bis zum Ersticken einschnürt. Deutlich wird gerade aus seiner Sicht die selbstverschuldete Entmündigung des Menschen mit ihren unmenschlichen Folgen. Ohne Mühe vermag er sich auszumalen, welche Konsequenzen ein vor eheliches Kind hätte, weil er am eigenen Leibe die Gnadenlosigkeit seiner Gesellschaft erlitten hat. Sein Entschluss, dem Getto moralischer Beschränktheit den Rücken zu kehren, ist der einzige Weg, frei zu werden von der notorischen menschlichen Erniedrigung und Freiheit zu gewinnen zu einem menschenwürdigen Leben.

Die letzten Worte

Die letzten Worte des Dramas spricht Meister Anton: »Ich verstehe die Welt nicht mehr!« (95). Zweierlei ist an diesem Ausspruch bemerkenswert. Einmal ist es das Wort »verstehen« selbst, das aufhorchen lässt. Ging es doch bisher gar nicht darum, den andern und die Welt zu verstehen, sondern immer nur um Verurteilung und Unterwerfung unter das Urteil. Aber gerade diese Art der Weltsicht und der Menschenbehandlung scheint ins Wanken geraten zu sein. Selbst Meister Anton beginnt zu ahnen, dass eine Welt, die in kurzer Zeit vier Menschen, darunter zwei aus seiner Familie, in den Tod getrieben hat, wohl kaum im Recht sein kann. Wo man aus Furcht vor der Schande stirbt, trägt nicht der Sterbende die Schuld, sondern die Gesellschaft, die den Lebenswillen des Einzelnen bricht.

Ob Meister Anton zu einem wahren Verständnis wirklich vordringt, bleibt ungewiss. Der Zuschauer aber, und das ist zum andern bemerkenswert, sieht sich am Ende in seiner Erwartung einer geschlossenen Handlung enttäuscht. Das letzte Wort ist eine Negation zwischen Zweifel und Verzweiflung, Anstoß aber, das, was geschehen ist, im Nachhinein zu verstehen und nach den Gründen zu fragen, warum es unter den gegebenen Einstellungen geschehen musste. Das Drama führt die Konflikthandlung bis zu dem Punkt, wo die Antworten, die man im Sinn einer bornierten Moral gegeben hat, fragwürdig werden. Während der Vater beim Zweifel an den traditionellen Antworten stehen bleibt, hat der Sohn aus der Kritik am Überkommenen die neuen, in den Aufbruch mündenden Antworten längst gefunden. Aus der dramatischen Gegenwart weisen Perspektiven in die Zukunft.

Intention des bürgerlichen Trauerspiels

Das bürgerliche Trauerspiel will den bürgerlichen Zuschauer anhalten, Fragen zu stellen an die eigene Welt, an die eigenen Einstellungen und Haltungen. Dem gesellschaftlichen Leben jenseits der Bühnenfiktion ist es aufgegeben, den Titel des Dramas einzulösen.

Bedeutung der Anspielung auf die biblische Gestalt Maria Magdalena

In der dramatischen Handlung selbst gibt es ausdrücklich keine Anspielung auf die biblische Gestalt, weil das, was sie verkörpert, in der kleinbürgerlichen Gesellschaft keinen Platz hat. Maria Magdalena ist nach dem Evangelisten Lukas die Sünderin, die Jesus, der in das Haus des Pharisäers eingekehrt ist, die Füße wäscht und salbt und der Jesus alle Sünden vergibt. »Da aber das der Pharisäer sah, […] sprach er bei sich selbst und sagte: Wenn dieser ein Prophet wäre, so wüsste er, wer und welches Weib das ist, die ihn anrührt, denn sie ist eine Sünderin« (Luk. 7,39). Im Bilde des Pharisäers spiegelt sich der Kleinbürger, der weder Verzeihen noch Gnade kennt. Die Sünderin ist für alle Zeiten vom Makel ihrer Sünde gezeichnet und steht außerhalb der Gesellschaft. Diese aber ist nach der Versöhnlichkeit und Gnade, die Jesus walten lässt, zutiefst unchristlich. »Ihr sind viele Sünden vergeben, denn sie hat viel geliebt; welchem aber wenig vergeben wird, der liebt wenig« (Luk. 7,47). Nur die Liebe ist imstande, die kleinbürgerliche Gesellschaft menschlicher zu machen. Vor ihr aber versagen alle, die Mitschuld tragen an Klaras Tod, die nicht lieben und denen im christlichen Sinn nicht vergeben werden kann. Wer aber der fiktiven Klara noch im Nachhinein vergibt, wird die Verfehlungen, wie sie ihm in der wirklichen Welt begegnen, nicht länger ohne weiteres verurteilen und den, der gefehlt hat, ausgrenzen, sondern ihm versöhnlich begegnen.

Graben zwischen Spießermoral und christlichem Ethos

Dem bereits zitierten Rezensenten der Darmstädter Inszenierung aus dem Jahr 1968 ist wohl zuzustimmen, wenn er abschließend schreibt: »Bauer [der Regisseur] hat das Stück inszeniert als eine Geschichte von gestern mit einer Lehre von heute: über die Tödlichkeit eines pervertierten Christentums, eines Glaubens ohne Gnade, einer ins Unchristliche umgeschlagenen, weil absolut gesetzten Sitte, einer Moral ohne Liebe. Mit dieser Belebung scheint Hebbel, unabhängig von den sexuellen und sozialen Gebräuchen des Jahres 1843 oder 1968 [oder 2004 (W. F.)] leider unsterblich.«[5]

7. Autor und Zeit

Der bedeutendste deutsche Dramatiker im 19. Jahrhundert wurde am 18. März 1813 in Wesselburen, einem kleinen abgelegenen Ort in Norddithmarschen nahe der Nordsee geboren. Landesherr war durch Personalunion Schleswig-Holsteins mit Dänemark der dänische König Friedrich VI.

Christian Friedrich Hebbel

Christian Friedrich Hebbel, Sohn eines Maurers, wuchs in ärmlichen Verhältnissen auf. Die Mutter, ebenfalls aus einer Handwerkerfamilie stammend, wusste oft nicht, wie sie die Familie ernähren sollte, zumal der Vater im Winter kaum etwas verdiente. Als Hebbel sechs Jahre alt war, verlor der Vater wegen einer übernommenen Bürgschaft das kleine bisher bewohnte Haus an seinen Gläubiger. Die Familie fand sich wieder in einer äußerst beengten Wohnung. Bereits vorher, im Alter von vier Jahren, war Hebbel in die Klippschule der Jungfer Susanna gekommen, die als eine der wenigen am Ort lesen und schreiben konnte. Ab 1819 besuchte er eine der neu gegründeten Elementarschulen. Im Elternhaus fand er wenig Anregung. Als Buch wurde nur die Bibel geduldet, aus der Hebbel gelegentlich vorlesen durfte.

Nach dem Tode des Vaters 1827 nahm der Wesselburener Kirchspielvogt Johann Jakob Mohr den Jungen zu sich. Mohr beschäftigte ihn zunächst als Boten, später als Hauptschreiber. Bei äußerst niedrigem Lohn musste Hebbel am Gesindetisch essen und in einer schmalen Schranknische schlafen. Auch wenn er später dem Vogt schwere Vorwürfe machte, so darf nicht übersehen werden, dass dieser dem Lernbegierigen seine reich bestückte Bibliothek öffnete.

Aus dem *Brockhaus* von 1820 schöpfte er sein erstes Allgemeinwissen. Zum ersten Mal begegnete er den Werken bedeutender Dichter, unter ihnen Schiller, E.T.A. Hoffmann und Uhland, den er vor allen schätzte. Die Lektüre Uhlands war es wohl auch, die ihn zu ersten Gedichten anregte. Sie erschienen im September 1828 in einem Provinzblatt.

Neben den literarischen trieb Hebbel schon früh philosophische Studien. Bereits mit 15 und 16 Jahren las er Ludwig Feuerbach, der eine Abkehr vom Glauben an einen abstrakten Gott und eine Hinwendung zum konkreten Menschen forderte, und den romantischen Naturforscher Gotthilf Heinrich Schubert, insbesondere dessen Schrift *Ansichten von der Nachtseite der Naturwissenschaften* (1808). Aus seiner Lektüre formte Hebbel noch in jungen Jahren seine charakteristische Weltanschauung, die sich nicht mehr wesentlich ändern sollte und sein Werk entscheidend geprägt hat.

Frühe literarische und philosophische Studien

Im Rahmen eines konsequenten Dualismus sind die Welt und das Leben auseinander gefallen in Antithesen. Zeit und Ewigkeit, Leben und Tod, Mann und Frau, Gesundheit und Krankheit stehen sich unversöhnt gegenüber, ohne dass es den Menschen möglich ist, das Auseinandergefallene wieder zu vereinen. Zutiefst tragisch erlebt Hebbel den Graben, der sich zwischen dem Einzelnen und dem All aufgetan hat.

Dualismus von Welt und Leben

Früh zeichnet sich die Weltsicht des Dramatikers ab, das konfliktorientierte Erleben aller Existenz. Eingegangen ist in solche Weltsicht Hebbels sozialer Standort,

Konfliktorientiertes Erleben aller Existenz

die Erfahrung des Proletarierkindes, im Grunde ausgegrenzt zu sein von der guten Gesellschaft. Sein Leben in Wesselburen empfand er als Hölle, stets in der Angst, zu einem Nichts erniedrigt zu werden. Not, Armut und Mangel von Jugend auf, die sklavische Abhängigkeit von Menschen, die ein zufälliges Geschick begünstigt hatte, formten seinen Charakter, führten zu Empfindlichkeit gegen jede Art der Zurücksetzung und seinem aggressiven Überlebenswillen. Abrupt brach Hebbel Verbindungen ab, wenn er sich verletzt oder ungerecht behandelt fühlte. Seine Furcht, zu verarmen und von der Gnade anderer abhängig zu sein, begleitete ihn sein ganzes Leben. Seine ersten Versuche, sich gegen die Widrigkeiten der Sklaverei in Wesselburen zu behaupten, schlugen fehl. Sein Plan, Schauspieler zu werden, scheiterte, und auch der gefeierte Dichter Ludwig Uhland, an den er sich gewendet hatte, konnte ihm nicht helfen. Eine Chance tat sich 1835 auf, als einige wohlhabende Leser, die Gedichte des jungen Hebbel in den von der Hamburger Schriftstellerin Amalie Schoppe herausgegebenen *Modeblättern* gelesen hatten, bereit waren, einen Aufenthalt Hebbels in Hamburg mit kleineren Spenden zu finanzieren. Kurz nach seinem Eintreffen in Hamburg im Jahr 1835 begann er Tagebücher zu führen.

Erste Chance 1835

Die Vorbereitungen auf das Abitur scheiterten, zumal Hebbel wenig Bereitschaft zeigte, sich Vokabeln und Grammatik toter Sprachen anzueignen. Enttäuscht war Hebbel auch von Amalie Schoppe, da sie ihn kaum unterstützte. Entscheidend für sein Fortkommen war die Begegnung mit Elise Lensing, der Stieftochter eines Zimmermanns, bei dem Hebbel zur Miete wohnte. Elise, elf Jahre älter

Begegnung mit Elise Lensing

Friedrich Hebbel, 1847
Lithographie von Eduard Kaiser

als Hebbel, verliebte sich spontan in den jungen Mann. Großzügig unterstützte sie ihn mit dem Verdienst aus ihrer Arbeit als Putzmacherin und mit Geld aus ihrer bescheidenen väterlichen Erbschaft. Hebbel nahm ihre Großzügigkeit und Liebe dankbar an, ohne die ältere Frau aufrichtig zu lieben. Ihren Herzenswunsch, seine Frau zu werden, vermochte er bei aller Verehrung nicht zu erfüllen.

Heidelberg

Elise war es, die ihm ein Jurastudium in Heidelberg ermöglichte, wohin er 1836 aufbrach. Doch das Studium sprach ihn nicht an, zumal er nicht bereit war, sich einer konsequenten Lerndisziplin zu unterwerfen. Ein Lichtblick war die Freundschaft mit Emil Rousseau, ebenfalls Student der Rechte. In Heidelberg entstanden einige Gedichte, wortgewandt und virtuos im Versbau, ohne allerdings emotional und seelisch zu berühren.

In Heidelberg blieb Hebbel nicht einmal ein Jahr. Künstlerische Anregungen versprach er sich vor allem von München. Noch im September 1836 machte er sich zu Fuß auf zur heimlichen Kunsthauptstadt Deutschlands. Er besichtigte unterwegs das Straßburger Münster, besuchte Wilhelm Hauff in Stuttgart und Ludwig Uhland in Tübingen. Nach München folgte ihm schon bald sein Freund Rousseau, der jedoch bereits zwei Jahre später, 1838, verstarb und Hebbel in völliger Vereinsamung zurückließ. Im gleichen Jahr starb seine Mutter. Drückend war in der Münchener Zeit die Geldnot. Ohne ausreichende Ernährung und Kontakte bewegte er sich oft am Abgrund. Und doch war er sich der Berufung zum Künstler unbeirrbar sicher.

Während der zweieinhalb Jahre in München wohnte er bei dem Tischlermeister Anton Schwarz, dem Modell für seinen Meister Anton in *Maria Magdalena*. Elise unterstützte ihn mit Geld so gut es ging, doch dies hielt Hebbel nicht davon ab, ein intimes Verhältnis mit Josepha, der Tochter seines Vermieters, zu beginnen. Eine Heirat aber, die die junge Frau sich wünschte, kam auch hier nicht zustande. In äußerster Not blieb Hebbel kein anderer Weg, als nach Hamburg zurückzukehren. Ohne Reisegeld trat er 1839 den fast drei Wochen dauernden Fußmarsch nach Hamburg an.

Intimes Verhältnis zur Tochter seines Vermieters

An Dichtungen waren weitere Gedichte entstanden, das Märchen *Der Rubin* und einige Novellen, unter ihnen *Eine Nacht im Jägerhaus*.

Dichtungen

Weltanschaulich steckte Hebbel zu dieser Zeit in einer tiefen Krise. Große Ideen waren aus seiner Sicht längst erstickt im Würgegriff materieller Übermacht. Von göttlicher Lenkung fehlte jede Spur und die Kunst war der seichten Unterhaltung gewichen. Hebbels Weltbild zeigt einmal mehr unversöhnliche, fast nihilistische Züge. Als zentrale Aufgabe des Künstlers sah Hebbel die schonungslose Darstellung des Schlechten, um es letztlich ad absurdum zu führen. Was ihm vorschwebte, war eine konsequente Kunst des Negativen, die die Einsicht in die Notwendigkeit des Positiven herausfordern musste.

Hebbels Weltbild

In Hamburg nahm Elise ihren Geliebten mit offenen Armen auf. Völlig entkräftet und an einer schweren Erkältung erkrankt, erlitt Hebbel eine lebensbedrohende Lungenentzündung. Elise pflegte ihn aufopferungsvoll und gab dem Mittellosen Wohnung und Unterhalt. 1840 verließ sie Hamburg in Erwartung eines Kindes für kurze Zeit. In seinen Briefen schilderte ihr Hebbel u. a. seine Liebesabenteuer und bekräftigte seinen Widerwillen gegen die Ehe, die ihm

Umgang mit Karl Gutzkow

als äußerste Form der Sklaverei erschien. Umgang pflegte er vor allem mit dem jungdeutschen Autor Karl Gutzkow. In diese Zeit fiel auch die Vollendung des ersten bedeutenden Dramas.

Das historische Schauspiel Judith

Anfang 1840 vollendete Hebbel sein historisches Schauspiel *Judith* mit dem zentralen Thema des unversöhnlichen Gegensatzes zwischen Mann und Frau. Noch im gleichen Jahr wurde das Drama mit der Berliner Schauspielerin Auguste Stich-Crelinger am königlichen Hoftheater in Berlin uraufgeführt. Nach dem Erfolg auf der Bühne erschien bei Campe in Hamburg eine Buchausgabe. Bereits 1841, Hebbel war inzwischen Vater eines Sohnes geworden, folgte mit *Genoveva* nach einem alten Volksbuch die zweite Tragödie, die sich jedoch auf der Bühne kaum durchzusetzen vermochte. Ein ähnliches Schicksal teilte Hebbels 1841 abgeschlossene erste Komödie *Der Diamant*. Hebbel durchlebte eine schwere Schaffenskrise. Auf Anraten eines einflussreichen Hofbeamten am dänischen Hof entschloss er sich, 1842 nach Kopenhagen zu reisen, um seinen Landesherrn, den dänischen König, um Unterstützung für seine Reisepläne zu bitten. Im gleichen Jahr war die erste Gesamtausgabe seiner Gedichte erschienen, was den Verleger Campe bewegte, Hebbel das Reisegeld zu bewilligen.

1842 Gesamtausgabe der Gedichte

Hebbel hielt sich zwischen dem Winter 1842 und dem Frühjahr 1843 in der dänischen Hauptstadt auf. Zweimal begegnete er dem König, auf den ersten Blick ohne großen Erfolg für seine Pläne. Durch die Intervention des dänischen Dichters Adam Oehlenschläger gelang es jedoch, den König zu bewegen, Hebbel ein zweijähriges Reisestipendium von 1200 Reichstalern zu gewähren. So hatten sich die entbehrungsreichen Wochen in Kopenhagen am Ende doch gelohnt. Beeindruckt war Hebbel von der Persönlichkeit des genialen Bildhauers Bertel Thorvaldsen. Persönlich entscheidend für Hebbel aber war vor allem, dass er nach längerer literarischer Untätigkeit wieder den Drang zu schreiben verspürte.

Zweijähriges Reisestipendium vom dänischen König

Anfang 1843, von einem Rheumaanfall ans Bett gefesselt, begann er sein bürgerliches Trauerspiel *Maria Magdalena*. Zurück in Hamburg, erfuhr er von der Kritik des dänischen Literaturprofessors Heiberg an seinem 1843 im *Morgenblatt für gebildete Leser* erschienenen Beitrag *Ein Wort über das Drama*. Als Antwort ließ Hebbel bei Campe eine Broschüre mit dem Titel *Mein Wort über das Drama* erscheinen. Der Theoretiker Hebbel aber bleibt auch hier weit hinter dem Dramatiker zurück.

Ab 1843 Arbeit an Maria Magdalena

Im September 1843 brach Hebbel nach Paris auf. Die Hälfte des Geldes ließ er für Elise und das Kind zurück. Paris begeisterte ihn. Das geschäftige Treiben auf den Boulevards, die Gartenanlagen von Versailles und immer wieder der Louvre gaben ihm eine Ahnung von einem weit gespannten Leben. Wichtig wurde die Bekanntschaft mit Felix Bamberg, dem preußischen Konsul in Paris. Er schrieb in der Folgezeit Einzelkritiken zu Hebbels Dramen und gab 1885 die Tagebücher heraus. Bamberg war es auch, der Hebbel bei dem im französischen Exil lebenden Heinrich Heine einführte. Als Gastgeschenk überreichte Hebbel dem Dichter des *Buchs der Lieder* ein Exem-

1843 Aufbruch nach Paris – Begegnung mit Heinrich Heine

plar seiner *Judith*, ein Werk, das Heine tief beeindruckte. Von Paris aus gelang es Hebbel, seine Promotion abzuschließen. Seine Schrift *Mein Wort über das Drama,* angereichert mit Gedanken aus seinem Vorwort zu *Maria Magdalena,* reichten aus für das Erlanger Doktor-Diplom. Noch während seines Aufenthalts in Paris starb Hebbels Sohn Max 1843 an einer Gehirnhautentzündung. Im Jahr darauf wurde der zweite Sohn Ernst geboren. Im September 1844 erschien die Buchausgabe des Dramas *Maria Magdalena,* ein Drama, das Hebbel über die *Judith* stellte und als sein bisher reifstes Werk ansah. Die Kritik war durchaus gespalten. Ende September verließ Hebbel Paris mit dem Ziel Rom. Die italienische Hauptstadt machte auf ihn keinen günstigen Eindruck. Allzu museal, vor allem aber allzu katholisch und barock erschien ihm die gefeierte Metropole. Erfreulich für ihn war jedoch die Begegnung mit Künstlern wie Peter Cornelius und Karl Rahl, der Hebbel später einige Male porträtierte. Überrascht war er von dem dichterischen Ruhm, der ihm offenbar vorausgeeilt war. Der Autor der *Judith* und der *Maria Magdalena* fand große Anerkennung.

1844 Buchausgabe von Maria Magdalena

Hebbel blieb bis Juni 1845 in Rom. Den Sommer und Herbst verbrachte er in Neapel in Gesellschaft der eleganten Welt. Begeistert war er von der außergewöhnlichen Natur, dem blauen Meer und dem am Abend rötlich strahlenden Vesuv. In Neapel begegnete er auch dem Literarhistoriker Hermann Hettner, der Hebbels *Judith* ausgesprochen schätzte. Mit ihm reiste er nach Pompeji und bestieg den Vesuv. Der Kontakt zu Elise wurde immer spärlicher. Im Grunde hatte sich Hebbel innerlich längst von ihr gelöst. Hamburg war seinen Vor-

1844/45 Rom

stellungen weit entrückt. Gedanken an eine Heimkehr schob er von sich. Dabei war seine finanzielle Lage desolat. Die Schulden häuften sich und literarisch entstand kaum Nennenswertes. Die begonnene Kulturtragödie *Moloch* blieb Fragment, die Gedichte und Epigramme über Kunst und Dichtung blieben ungedruckt. Im Oktober 1845 verließ Hebbel Rom. Kopenhagen hatte ihm noch einmal 200 Taler bewilligt. Sein Reiseziel war Wien, wo er versuchen wollte, als Dramatiker Fuß zu fassen.

In Wien empfing man den Dichter mit großer Bewunderung, ohne dass sich ihm aber Wege zum Theater auftaten. Das änderte sich erst nach der Begegnung mit der Hofschauspielerin Christine Enghaus, die am Hoftheater mit einem beachtlichen Gehalt auf Lebenszeit angestellt war. Bereits beim vierten Besuch verlobte sich Hebbel mit ihr. Am 26. Mai 1846 folgte die Hochzeit. Elise Lensing machte ihm schwere Vorwürfe, während Hebbel sich zu rechtfertigen versuchte. Der Tod seines zweiten Sohnes Ernst 1847, den der Vater nie gesehen hatte, verschärfte die Lage. Christine, um die Wogen zu glätten, lud Elise nach Wien ein. Nach einem einjährigen Aufenthalt reiste sie nach Hamburg zurück und nahm den außerehelichen Sohn Christines mit. Bis zu ihrem Tod 1854 stand Elise in Kontakt zu Hebbels Frau. Hebbels wirtschaftliche Verhältnisse besserten sich zusehends, zumal Christine ihn selbstlos unterstützte. 1846 wurde eine Tochter geboren, die den Namen der Mutter erhielt. Hebbel arbeitete in dieser Zeit an seiner Tragikomödie *Trauerspiel in Sizilien*, die jedoch zu seinen Lebzeiten nicht zur Aufführung kam.

1845 Begegnung mit der Hofschauspielerin Christine Enghaus in Wien

1846 Heirat mit Christine Enghaus und Geburt einer Tochter

Entscheidend aber war für ihn die Erkenntnis der Geschichte als eigentlicher Quelle seiner Inspiration. Hebbels Ziel war, seiner eigenen Zeit in geschichtlicher Brechung den Spiegel vorzuhalten, um sie zu einer sittlichen Erneuerung zu führen. Parallel zum *Trauerspiel* arbeitete er an seinem *Julia*-Drama, das er im Oktober 1847 vollendete. Er begriff es als den zweiten Teil der *Maria Magdalena.* Allerdings gestaltete er den Schluss versöhnlich. Die Heldin, von ihrem Vater verstoßen, wird zum Schluss eine reiche Erbin.

Julia-*Drama als zweiter Teil von* Maria Magdalena

Mit der Revolution von 1848 schien für Hebbel die Zeit eines notwendigen Neubeginns gekommen. Doch von Anfang an fühlte er sich zwischen der Hoffnung auf liberalen Fortschritt und der Furcht vor dem Chaos hin- und hergerissen. Über 20 Artikel entstanden in dieser Zeit über das revolutionäre Geschehen in Wien für die *Augsburger Allgemeine Zeitung.* Sein eigener politischer Standort war eher in der bürgerlichen Mitte angesiedelt. Mit dem Kommunismus lehnte er auch die radikale Demokratie ab. Was er sich vorstellen konnte, war eine konstitutionelle Monarchie, dafür trat er ein. Wie alle Konservativen versuchte er zwischen der alten und der neuen Zeit zu vermitteln. Mit der Geschichte von *Herodes und Mariamne* glaubte er den Stoff gefunden zu haben, der geeignet war, die eigene Zeit zu spiegeln. Hass und Misstrauen am Königshof stehen die in Mariamne verkörperten Werte der Liebe und der Freiheit gegenüber. Die Uraufführung am 19. April 1849 mit Christine in der Rolle der unglücklich endenden Mariamne war jedoch kein Erfolg. Fast einen Durchfall erlebte das Märchenlustspiel *Der Rubin* nach seinem gleichnamigen Märchen, eben-

Herodes und Mariamne

Märchen

falls 1849 uraufgeführt. Im gleichen Jahr erschien die Novelle *Die Kuh* in der Wiener Zeitung *Die Presse.*

Einen Achtungserfolg erzielte Hebbel 1850 mit seinem Drama *Michel Angelo*. Erfolgreicher war er mit seinen älteren Stücken, insbesondere mit seiner *Judith*, die allein 1849 achtzehnmal in Wien aufgeführt wurde. Als Heinrich Laube 1850 die Leitung des Burgtheaters übernahm, endete Hebbels Erfolgsserie abrupt. Der radikal demokratische Laube hielt von dem konservativen Norddeutschen wenig und überging ihn. Der gefeierte österreichische Dichter Franz Grillparzer schrieb Spottverse auf Hebbel. Immer wieder warf man dem dramatischen Dichter Größenwahn und Dilettantismus vor, weil Hebbel selbst mit seiner Kritik nicht zurückhielt. Selbst sein fünfzehn Jahre jüngerer späterer Biograph Emil Kuh wandte sich nach Meinungsverschiedenheiten von ihm ab. Anerkennung fand er bei dem Dichter und Intendanten des Hof- und Nationaltheaters in München Franz Dingelstedt, der dort Hebbels Schauspiel *Agnes Bernauer* 1853 groß herausbrachte. Hebbel hatte inzwischen einen bescheidenen Wohlstand erarbeitet, sodass er sich 1855 in Gmunden am Traunsee sogar ein kleines Haus kaufen konnte. Seinen politischen Standort hatte er mit *Agnes Bernauer* noch einmal nachdrücklich bekräftigt. Trotz der Ansprüche des Individuums stellte er Gesellschaft und Staat über den Einzelnen. In der Hand des Königs und des Landesherrn liegt es, Fortschritt mit all seiner Macht zu fördern. Hebbels Ideal war ein deutsch-österreichischer Gesamtstaat. In seinem 1854 abgeschlossenen Drama *Gyges und sein Ring* trat Hebbel erneut für einen vom König vorangetriebenen Fortschritt ein, reflektierte aber auf der ande-

1853 Agnes Bernauer

1854 Gyges und sein Ring

ren Seite durchaus auch das gespannte Verhältnis von Tradition und Fortschritt, indem er für ein behutsames, die traditionellen Positionen mit einbeziehendes Fortschreiten plädierte. Obwohl Laube das Stück für eines der besseren Hebbels hielt, lehnte er eine Aufführung ab.

Mit seinem 1857 vollendeten Epos *Mutter und Kind*, dem Hohenlied auf Ehe und Familie, gewann er den mit 200 Talern dotierten Preis der »Tiedge-Stiftung« in Dresden für das gelungenste Epos in der Nachfolge von Goethes *Hermann und Dorothea*. Als Dramatiker arbeitete Hebbel in dieser Zeit an seiner großen Trilogie *Die Nibelungen*, unterbrochen von großen Reisen nach Berlin, Dresden, Prag, Hamburg, London, Rom und München, wo er die glanzvolle Inszenierung seiner *Agnes Bernauer* erlebte.

Trilogie
Die Nibelungen

Die Blockierung Hebbels in Wien durch Laube, unter der auch seine Frau litt, ließ ihn an einen Umzug nach Weimar denken. Zum ersten Mal hielt er sich dort 1858 auf und lernte bei dieser Gelegenheit Franz Liszt kennen. Aus dem erwogenen Umzug wurde allerdings nichts, denn das Burgtheater lehnte es ab, Christine zu entlassen. In Weimar erlebte Hebbel 1861 die von Dingelstedt betriebene Uraufführung der ersten beiden Abteilungen der *Nibelungen*: *Der Gehörnte Siegfried* und *Siegfrieds Tod.* Christine spielte sowohl die Kriemhild als auch die Brunhild. Noch im gleichen Jahr wurde die gesamte Trilogie gegeben zusammen mit dem dritten Teil *Kriemhilds Rache.* Nach einer Geschichtsperiode der Gewalt und des Mordens endet das Drama mit einem Ausblick auf eine vom christlichen Ethos getragene Zeit.

Auch das Wiener Burgtheater verschloss sich nun nicht länger. Mit großem Erfolg wurden 1863 die ersten beiden Teile gegeben. Hebbel arbeitete in den letzten Jahren seines

Lebens an der Tragödie *Demetrius*. Nachdem er den Plan aufgegeben hatte, Schillers Fragment zu vollenden, ging er daran, das Schicksal des ersten »falschen Demetrius« darzustellen als Tragödie des Reformers, der am zaristischen Absolutismus scheitert. Doch auch Hebbels Drama blieb Fragment. Im März erkrankte er an der tödlichen Knochenerweichung. Kuren brachten nur wenig Linderung. Während er schon ans Bett gefesselt war, wurde ihm der Schillerpreis für die *Nibelungen* verliehen. Am 13. Dezember 1863 starb Friedrich Hebbel und wurde auf dem evangelischen Friedhof Matzleinsdorf bei Wien beigesetzt. Im Beisein seiner Tochter Christine enthüllte man ihm zu Ehren 1911 ein Denkmal in Wesselburen.

Tragödie Demetrius

Werkübersicht

Friedrich Hebbel ist als Lyriker und Erzähler, vor allem aber als Dramatiker hervorgetreten. Seinen Namen verbindet man heute fast ausschließlich mit seinen dramatischen Werken.

Hebbels wichtigste Gedichte sind mit wenigen Ausnahmen bereits in der Buchausgabe von 1842 enthalten, der 1857 eine weitere Ausgabe folgte. Berühmt geworden ist sein *Nachtlied*, in dem das lyrische Ich im Stil eines neuen realistischen Erlebens überwältigt zu werden droht durch das riesenhafte Leben des Alls, in dem das Ich nur ein winziger Punkt ist. Auffällig ist die Neigung zum symbolischen Naturgedicht, wie es auch Storm gestaltet. Im *Sommerbild* offenbart sich in der späten Rose das verwelkende Leben, das im leisen Flügelschlag des Schmetterlings vergeht. Ganz in den Hintergrund getreten ist das lyrische Ich im *Herbstbild*. Nur noch Zuschauer, erlebt es unaufhörliche Prozesse des Werdens und Vergehens als grandioses Naturschauspiel.

Mit wenigen Beispielen hat Hebbel einen beachtlichen Beitrag zur Balladendichtung seiner Zeit geleistet. Die erzählenden Gedichte sind Ausdruck einer bedrohlichen, den Menschen radikal gefährdenden Welt, in der der Einzelne, verlassen von Gott und allen guten Geistern, gnadenlos dem Grauen ausgesetzt ist. In der Ballade *Der Heideknabe* erfüllt sich der Alptraum des Knaben, der als Geldbote von einem räuberischen Knecht erstochen wird. In auswegloser Konsequenz wird wahr, was der Schlafende in einem Angsttraum bereits erlebt hatte. In der Ballade *'s ist Mitternacht* geht von einem Schlafenden eine tödliche Aggression aus. Heimgesucht von einem lebensbedrohenden Traum, ersticht der Träumende den, der ihn wachrütteln will. Tief aus dem Unterbewussten steigen zerstörerische Triebe auf. Plötzlich und unerwartet tritt das Grauen ins Leben und konfrontiert es mit einem sinnlosen Tod. *Das Kind am Brunnen* erzählt von einem Kind, das mit Blumen in der Hand an einen Brunnen tritt, während seine Amme eingeschlafen ist. Bezaubert von seinem Spiegelbild im Wasser, wirft das Kind die Blumen hinunter und erlebt schaudernd, wie das anmutige Bild sich augenblicklich auflöst. Gestalt und Gestaltlosigkeit, Leben und Tod liegen nahe beieinander. Bedrohlich formen sich im Brunnen, dem Sinnbild des Lebens, Bilder der Auflösung und des Sterbens.

Erfüllt von Grauen und tief beunruhigenden Vernichtungsängsten sind auch die beiden Novelletten *Eine Nacht im Jägerhause* (1837) und *Die Kuh* (1849), Spiegel einer unheimlichen, bedrohlichen Welt. Während in der ersten Geschichte die Furcht der beiden Freunde, sie seien in das Haus eines Massenmörders eingekehrt, sich nach einer grauenvollen Nacht als grundlos erweist, erschlägt der Bauer in der zweiten Geschichte im Affekt sein eigenes Kind, nachdem dieses das mühsam für den Kauf einer Kuh erarbeitete Geld in Nachahmung des väterlichen Pfeifenanzündens verbrannt hat. Die Tat löst eine sich selbstständig entfaltende Schreckensautomatik aus. Am Ende ist alles Leben im Haus ausgelöscht. Der Hof brennt nieder. Versöhnlichere Töne schlagen das Märchen *Der Rubin* (1837) und das Epos *Mutter und Kind* (1857) an. Im Märchen wird die durch einen schlimmen Zauber in einen Rubin verwandelte Prinzessin durch eine zufällige Fügung erlöst. Die große Zeit der Märchenhelden scheint vorbei. Die wunderbaren Kräfte sind der anonymen Willkür gewichen. Das Epos beschwört die aufbauenden Kräfte von Ehe und Familie, ohne die der Mensch immer obdachlos bliebe.

Vor allem aber ist Hebbel als Dramatiker in die Literaturgeschichte eingegangen. Sein bis heute erfolgreichstes Drama ist zweifellos *Maria Magdalena*. Daneben konnten sich sein frühes Schauspiel *Judith*, uraufgeführt am 6. Juli 1840 am Königlichen Hoftheater in Berlin, und die am 25. März 1852 am Münchener Hoftheater uraufgeführte *Agnes Bernauer* behaupten. Es ist wohl nicht zufällig, dass gerade solche Dramen weiterhin Aufmerksamkeit auf sich ziehen, die Frauen in den Mittelpunkt stellen. Die tragische Frauenrolle in einer männlich beherrschten Welt hat ihre aktuelle Brisanz bis heute nicht eingebüßt. Hebbels Dramen vermitteln einen historischen Einblick in die Problematik weiblicher Identität und provozieren Fragen an die Gegenwart. Judith in der gleichnamigen Tragödie handelt weniger im Sinn ihrer religiös-patriotischen Mission, sondern als tief verletzte Frau. Fasziniert von der übermächtigen Männlichkeit des assyrischen Feldherrn Holofernes gibt sie sich ihm hin. Doch nach der leidenschaftlichen Begegnung wird klar, dass der Mann sie nur benutzt hat, um seinen Trieb zu befriedigen. Im Bewusstsein, dass er sie zum bloßen Lustobjekt erniedrigt hat, schlägt sie dem Schlafenden das Haupt ab. Tragisch ist der offenbar unüberbrückbare Geschlechterdualismus. Ihre Freiheit und Würde mag die als Instrument missbrauchte Frau nur durch die Rache an der Selbstherrlichkeit des Mannes wiederherzustellen. Das Problem männlicher Sexualität, die in Missachtung ihrer persönlichen Souveränität von der Frau Besitz ergreift, reicht bis in die Gegenwart hinein – man denke an die Romane Elfriede Jelineks – und lässt Hebbels Drama als historischen Beitrag zu einem ungelösten Konflikt weiterhin aktuell erscheinen. *Agnes Bernauer*, die Lebensgeschichte der Augsburger Baderstochter, die den Sohn des Bayernherzogs heiratet und in Abwesenheit ihres Mannes aus Gründen der Staatsraison in der Donau ertränkt wird, besticht durch den konzentrierten dramatischen Aufbau. Die Entscheidung für das Kollektiv, gegen das geopferte Individuum aber muss heute notwendig Widersprüche hervorrufen. Die Gesellschaft und der Einzelne bilden keinen Gegensatz, sondern bedingen sich gegenseitig. Hebbels historisches Schauspiel, das das Eintreten für das Individuum in *Maria Magdalena* revidiert, kann heute nur noch kritisch als Warnung vor einer Verherrlichung kollektiver Machtansprüche gelesen werden. *Agnes Bernauer* ist nicht zuletzt die Tragödie der ohnmächtigen Frau in einer von der Macht des Mannes organisierten Geschichtswelt, Hebbels Geschichtsdrama fordert heraus zu dekonstruktivem Lesen, zu einer Rezeption, die den historischen Text unter dem Aspekt aktueller Anforderungen gegen den Strich liest.

Literarischen Rang haben Hebbels Tagebücher, die er kurz nach seinem Eintreffen 1835 in Hamburg begann und bis zu seinem Tode fortführte. In das *Notizbuch meines Herzens*, wie er es nannte, trug er spontane Einfälle, Tageserlebnisse, Aphorismen, Buchzitate, Kopien wichtiger Briefe, Jahresrückblicke und Reiseschilderungen ein. Sie sind ein wichtiges biographisches wie kulturgeschichtliches Vermächtnis.

8. Rezeption

Inszenierungen

Ein Theater für die Uraufführung der am 4. Dezember 1843 abgeschlossenen *Maria Magdalena* zu gewinnen, erwies sich als schwierig. Hebbel wandte sich zunächst an Auguste Stich-Crelinger, die bereits die Rolle der Judith erfolgreich verkörpert hatte. Doch die Schauspielerin winkte ab. Allzu unschicklich empfand sie es, eine schwangere Heldin auf die Bühne zu bringen. Auch der Generalintendant am Berliner Schauspielhaus wies eine Aufführung mit der gleichen Begründung zurück. Auf der Rückreise aus Italien besuchte Hebbel im November 1845 den Schauspieler Anschütz in Wien und bot ihm die Rolle des Meister Anton an. Doch Anschütz zweifelte daran, dass das Stück wegen seiner unversöhnlichen Konfliktspannung die Zensur passieren würde. In der Tat wurde das Drama, nachdem der Text bekannt geworden war, in Wien verboten.

Am Königsberger Stadttheater hatte das Drama mehr Glück. Die Uraufführung erfolgte am 13. März 1846 zusammen mit einem zweiaktigen Lustspiel zur Entlastung des Publikums. Nach einer einzigen Wiederholung wurde das Stück allerdings abgesetzt.

Den Durchbruch auf dem Theater schaffte die Leipziger Aufführung vom 19. Oktober 1846. Ihr folgten weitere Aufführungen, u.a. am 8. Mai 1848 am Wiener Hofburgtheater. Seitdem gehört das Stück bis heute zum festen Theaterrepertoire. Zwischen 1900 und 1930 wurde es an 1011 Bühnen, zwischen 1948 und 1967 immerhin noch an 85 Bühnen gespielt. Akzente setzten Jürgen Fehling mit seiner

Inszenierung vom 18. Mai 1949 am Münchner Brunnenhoftheater durch die große dramatische Werktreue und Kurt Hirschfelds Einrichtung des Schauspiels im Februar 1963 für das Züricher Schauspielhaus. Penibel realistisch brachte Fritz Kortner *Maria Magdalena* im März 1966 auf die Bühne des Berliner Schillertheaters. In der Kritik wurden erste Zweifel an der Zeitgemäßheit laut. Georg Hensel aber war es, der in seiner bereits zitierten Kritik der Darmstädter Aufführung des Stücks im April 1968 den Zweifeln moderne Lesarten gegenüberstellte.

Die immer wieder neuen Inszenierungsversuche bis in die Gegenwart hinein belegen die anhaltende Aktualität des Stücks. Großen Anklang fand die sorgfältige Inszenierung Benjamin Korns am 12. April 1980 am Hessischen Staatstheater Wiesbaden. Im Jahr 1980 fanden weitere Aufführungen statt, unter ihnen vor allem nennenswert die von Nikolaus Wolcz, die die Schauspiel-Saison am Berner Stadttheater eröffnete. Peter Beauvais folgte im September 1981 mit einer betont werkgetreuen Inszenierung am Hamburger Thalia-Theater. Überzeugend aktuell inszenierte Hans Lietzau das Stück im Oktober 1981 an den Münchner Kammerspielen als Tragödie des zählebigen Kleinbürgers. Viel Beifall fand Gabriele Jakobis Neueinstudierung im Kleinen Haus des Düsseldorfer Schauspiels im Juni 1989. Das karge Bühnenbild wurde zum Spiegel einer bedrückend monotonen Enge. Vielleicht eine der eindringlichsten Neuinszenierungen ist die von Angelica Domröse im September 1995 am Wiener Theater in der Josefstadt. Die einzige Lichtquelle auf der Bühne ist ein kleines hoch liegendes Fenster, sonst ist alles schwarz übermalt. Im Finale verlieren sich alle vollends im Dunkel. Andreas Kriegenburg brachte es in seiner Inszenierung am Basler Schauspiel im Oktober 1998 fertig, die

Sprachlosigkeit der Figuren immer wieder deutlich zu machen. Was man austauscht, sind Sprachhülsen, keine Einblicke in die seelische Not, die aber dadurch spürbar wird. Schließlich sei noch hingewiesen auf die Aufführung an den Münchner Kammerspielen im März 1999 unter der Regie von Thomas Bischoff. Er betont vor allem die Unterwerfung der dramatischen Figuren unter die gedankliche Konstruktion des Dramatikers und arbeitet so das menschenfeindliche Klima des Stücks neu heraus. Der Kritiker Armin Eichholz schreibt: »In zweieinhalb Stunden ohne Pause hat er es geschafft. *Maria Magdalena* ist wie durch einen Adrenalinstoß wiederbelebt.«[6] Wie zutreffend dieses Urteil ist, zeigt die jüngste Inszenierung der *Maria Magdalena* am Theater Aachen. Regie führte Lydia Brink. Die Premiere fand am 28. November 2003 statt.

Interpretationen

Deutungsversuche setzten früh ein. Hermann Theodor Hettner, den Hebbel in Neapel kennen lernte, sieht in *Maria Magdalena* »die bedeutendste Erscheinung unserer dramatischen Literatur […]. Sie ist, so zu sagen, eine dichterische Kritik der engherzigen Moralität […].«[7] Dieses Urteil hat fortgewirkt und bestimmt noch, um einige Nuancen kritischer, den Beitrag von Kurt May aus dem Jahr 1957. May verweist auf den begrenzten Horizont der Kleinstadt und die selbstgerechte Moral der Kleinbürger.[8]

Im Rahmen einer ideengeschichtlichen Gesamtdarstellung der deutschen Tragödie von der Theodizee zum Nihilismus versteht Benno von Wiese Hebbels bürgerliches Trauerspiel als »die realistische Tragödie des totalen Nihilismus«[9].

Martin Stern fragt in seiner Deutung nach dem zentralen Symbol in *Maria Magdalena* und verweist dabei auf die Requisiten und Räumlichkeiten, die die Erfahrung der Enge hervorrufen. Am »Archetyp der Enge« scheitert der Prozess der Selbstentfaltung tragisch.[10] Joachim Müller untersucht die motivlichen und dramaturgischen Strukturen. Klar werden dabei die Geschlossenheit und Konsequenz des dramatischen Konzepts. Nach Müller ist es das Thema des Todes, das von der ersten Szene bis zur finalen Katastrophe das Geschehen strukturiert.[11]

Für Hartmut Reinhardt geht es in *Maria Magdalena* »um die Familie, um die Bewahrung ihrer sittlichen Substanz«. Zur Darstellung kommt nach dem Urteil des Interpreten die Krise der bürgerlichen Familie, die es nicht zu überwinden, sondern zu erneuern gilt durch die kritische Einsicht in ihre Schwächen.[12]

Hebbels bürgerliches Trauerspiel will nicht die Katastrophe für alle Zeiten festschreiben. Vielmehr soll die katastrophale Zuspitzung Anstoß sein, mögliche Konfliktlösungen zu reflektieren. In diesem Sinn beginnt nach dem Urteil von Ludger Lütkehaus Hebbel bereits in *Maria Magdalena* den unversöhnlichen Dualismus im Zuge einer Entwicklung zu mehr Versöhnlichkeit zu überwinden. »Die überzeugendste ›Lösung‹ bildet noch der offene Schluss von *Maria Magdalena …*«[13]

In seiner sehr differenzierenden Deutung stellt Günter Häntzschel die immer wieder behauptete Geschlossenheit von Hebbels Trauerspiel infrage. »Aber diese Geschlossenheit ist doch eben nur in der Immanenz der dramatischen Handlung erreicht. Ihre Stringenz entbehrt der psychologischen Glaubwürdigkeit.«[14]

Adaptionen

Maria Magdalena ist das einzige Drama Hebbels, das bis heute verfilmt worden ist. Der aus Hamburg stammende Schauspieler Reinhold Schünzel legte 1920 mit der Verfilmung des bürgerlichen Trauerspiels seine erste Regiearbeit vor, überzeugend setzten die gedrängten, ausdrucksstarken Szenenfolgen des Stummfilms die Handlung in das neue Bildmedium um. Erklärende Zwischentitel erwiesen sich fast durchgehend als entbehrlich.

1963 inszenierte Rudolf Nolte die Tragödie als Fernsehfilm. Die Erstausstrahlung erfolgte am 1. November 1963 im ZDF. Am 26. November 1966 wurde eine Wiederholung gesendet. Die bisher letzte Ausstrahlung lief am 15. November 1994 auf 3sat. Walter Richter spielte die Rolle des Meister Anton. Uwe Friedrichsen in der Rolle Karls vermochte dem aufsässigen Sohn ein durchaus eigenständiges Profil zu geben. Akzentuiert wurden so die Perspektiven, die aus den bedrückenden, kleinbürgerlichen Verhältnissen hinausweisen.

Eine *Komödie in drei Akten frei nach Friedrich Hebbel* nennt Franz Xaver Kroetz seine Adaption der *Maria Magdalena* aus dem Jahr 1972.[15] Die entscheidende Veränderung ist die Verlegung der Handlung in die Gegenwart. Noch immer scheinen die überkommenen, spießigen Moralvorschriften zu gelten, wenn auch die schwangere Marie, wie die Heldin hier heißt, nicht mehr unbedingt Verzweiflung auslöst und den eher gleichgültig teilnahmslosen Vater nicht zu dem verhängnisvollen Schwur bewegt, sich das Leben zu nehmen. Die bürgerlichen Spießer bei Kroetz sind unfähig zur Tragik. Leo (Leonhard) lehnt jegliche Verantwortung ab und betreibt eine lukrative Heirat mit einer anderen. Peter

(Sekretär) will nur die geschiedene Marie mit einem ehelich geborenen Kind heiraten, ein Duell findet bezeichnenderweise nicht statt. Karl genügt es, aus der Provinz Augsburg in die Metropole München zu wechseln, und der Witwer Anton nimmt sich vor, über Zeitungsannonce eine zweite Frau zu suchen. Jeder ist so sehr mit sich selbst beschäftigt, dass er nicht merkt, wie er Marie, die sich am Ende vergiftet, aus dem Leben drängt. Keine tragische Verwicklung gewinnt hier Gestalt, sondern eine schwankhaft satirische Abrechnung mit dem unverbesserlichen Kleinbürger. Hebbels Tragödie, in einem theatralischen Experiment in die Gegenwart versetzt, schlägt um in eine bitterböse Satire. Im Grunde aber pointiert Kroetz, was in Hebbels kritischer Einstellung zur kleinbürgerlichen Borniertheit bereits ausgeprägt ist.

9. Checkliste

1. Skizzieren Sie die Entstehungsgeschichte des Dramas. Gehen Sie dabei auf die Modelle für die dramatischen Figuren ein.
2. Legen Sie dar, welche Rolle Hebbels eigene Kindheits- und Jugenderlebnisse für die Gestaltung des Handlungshintergrundes im Drama gespielt haben.
3. Nennen Sie die auftretenden Personen und arbeiten Sie die zu Grunde liegende Personalstruktur heraus.
4. Sagen Sie, in welcher Beziehung die einzelnen Personen zur Hauptfigur Klara stehen.
5. Untersuchen Sie den Einfluss des Elternhauses auf die Heldin des Stücks. Formulieren Sie die sittlichen Wertmaßstäbe der Eltern.
6. Gehen Sie auf den sozialen Einfluss des Umfelds ein.
7. Bestimmen Sie den Konflikt, in dem sich Klara befindet. Finden Sie Gründe für ihre Hingabe an Leonhard.
8. Charakterisieren Sie Leonhard. Erörtern Sie sein Verhältnis zu den gesellschaftlichen Moralnormen.
9. Äußern Sie sich zur dramaturgischen Bedeutung des Juwelendiebstahls. Ziehen Sie Folgerungen aus dem Tod der Mutter.
10. Beurteilen Sie kritisch die briefliche Reaktion Leonhards.
11. Beschreiben Sie das Verhältnis zwischen Klara und dem Sekretär. Bewerten Sie die Tragfähigkeit seiner erklärten Liebe zu Klara.
12. Gehen Sie auf die Konsequenzen aus dem Schwur Meister Antons ein.
13. Nennen Sie die wahren Gründe, die Leonhard bewegen, Klara nicht zu heiraten.

14. Erwägen Sie den Wert des Duells zwischen dem Sekretär und Leonhard.
15. Erläutern Sie, welche Rolle die geistesverwirrte Frau des Kaufmanns für die Erkenntnis des gesellschaftlichen Zustands spielt.
16. Vergleichen Sie Karl mit den übrigen Personen des Stücks. Heben Sie die wesentlichen Unterschiede hervor.
17. Stellen Sie die Gründe für Klaras selbstgewählten Tod dar. Fragen Sie danach, wer an dieser katastrophalen Entwicklung die Schuld trägt.
18. Achten Sie auf die Schlussworte Meister Antons. Überlegen Sie, ob sich hier ein innerer Wandel ankündigt.
19. Definieren Sie, was man unter einem analytischen Drama versteht. Wenden Sie ihre Definition auf Hebbels Stück an.
20. Entscheiden Sie, ob das dramatische Finale im Sinn einer geschlossenen oder einer offenen Konzeption zu verstehen ist.
21. Arbeiten Sie Hebbels Verständnis des bürgerlichen Trauerspiels heraus. Vergleichen Sie seinen Entwurf mit der Gestalt des bürgerlichen Trauerspiels bei Lessing.
22. Erörtern Sie, ob die tragische Situation wirklich unausweichlich und ausweglos ist. Gehen Sie dabei auf die Pläne Karls und auf die abschließenden Einsichten des Sekretärs ein.
23. Untersuchen Sie die symbolische Aussageweise des Dramas. Nennen Sie einzelne Requisiten und bestimmen Sie deren sinnbildhafte Bedeutung.
24. Unterstreichen Sie die biblischen Anspielungen. Sagen Sie, welche Bedeutung der Bibel zukommt.
25. Achten Sie auf die einzelnen Handlungsorte. Bestim-

men Sie den Aussagewert der gewählten Räumlichkeiten.

26. Nennen Sie Requisiten, die auf Enge und Verengung verweisen und setzen Sie diese in Beziehung zu dem vermittelten Gesellschaftsbild.
27. Heben Sie die Bedeutung des Todes für die dramatische Aussage hervor.
28. Arbeiten Sie das gespannte Verhältnis zwischen Glaube und Gnade, Moral und Liebe, Gesellschaft und Menschlichkeit heraus.
29. Machen Sie Stellen ausfindig, in denen von Gott, Glaube und Kirche die Rede ist. Vergleichen Sie kritisch die gesellschaftlichen und religiösen Standpunkte.
30. Fragen Sie nach der aktuellen Bedeutung von Hebbels bürgerlichem Trauerspiel.

10. Lektüretipps / Medienempfehlungen

Textausgaben

Friedrich Hebbel: Maria Magdalena. Stuttgart: Reclam, 2002. (UB. 3173.) – *Reformierte Rechtschreibung. Nach dieser Ausgabe wird zitiert.*

Friedrich Hebbel: Sämtliche Werke. 2. Bde. Hrsg. von Hannsludwig Geiger. Berlin 1961. – *Enthält neben den Werken die Briefe und die Tagebücher.*

Friedrich Hebbel: Werke. 5 Bde. Hrsg. von Gerhard Fricke [u. a.] München 1964–67. – *Textkritisch durchgesehene, zuverlässige Ausgabe.*

Zur Literaturgeschichte

Freund, Winfried: Deutsche Literatur. Schnellkurs. Köln 2000 [u. ö.]. – *Konzentrierter Überblick über die deutsche Literaturgeschichte mit zahlreichen, überwiegend farbigen Abbildungen und Textbeispielen.*

Zum bürgerlichen Trauerspiel

Eloesser, Arthur: Das Bürgerliche Drama. Seine Geschichte im 18. und 19. Jahrhundert. Berlin 1898. – *Eine der älteren, aber immer noch informativen Darstellungen der Gattung.*

Guttke, Karl S.: Das deutsche bürgerliche Trauerspiel. Stuttgart [3]1979. – *Eine neuere Darstellung, die die Entwicklung des Genres von Lessing bis Hebbel beschreibt.*

Wiese, Benno von: Die deutsche Tragödie von Lessing bis

Hebbel. Hamburg [4]1958. – *Eine umfangreiche ideengeschichtliche Darstellung, die die Entwicklung von der Theodizee zum Nihilismus herauszuarbeiten versucht.*

Zu Friedrich Hebbel – Leben und Werk

Grundmann, Hilmar (Hrsg.): Friedrich Hebbel. Neue Studien zu Werk und Wirkung. Heide 1982. – *Versuch einer Aktualisierung des Dramatikers Hebbel.*

Kreuzer, Helmut (Hrsg.): Hebbel in neuer Sicht. Stuttgart [2]1969. – *Einzeldeutungen, die sich kritisch mit den bisherigen Forschungsergebnissen auseinander setzen.*

Matthiesen, Hayo: Friedrich Hebbel. Mit Selbstzeugnissen und Bilddokumenten. Reinbek bei Hamburg [6]1999. – *Verständlich geschriebene Einführung in das Leben und das Werk Hebbels.*

Meetz, Anni: Friedrich Hebbel. Stuttgart [3]1973. – *Eine solide, wissenschaftliche Auseinandersetzung mit dem Werk Hebbels.*

Zu *Maria Magdalena*

Häntzschel, Günter: Christian Friedrich Hebbel: *Maria Magdalena.* In: Interpretationen: Dramen des 19. Jahrhunderts. Stuttgart 1997. S. 234–251.

Lütkehaus, Ludger: Friedrich Hebbel: *Maria Magdalena.* München 1983.

Muller, Joachim: Zur Struktur von Hebbels *Maria Magdalena.* In: J. M.: Epik, Dramatik, Lyrik. Halle 1974. S. 310–329.

Ranke, Wolfgang (Hrsg.): Erläuterungen und Dokumente: Friedrich Hebbel: *Maria Magdalena.* Stuttgart 2003.

Reinhardt, Hartmut: Friedrich Hebbel: *Maria Magdalena*. In: Deutsche Dramen. Interpretationen. Bd. 1. Königstein i. T. 1981 S. 170–199.

Stern, Martin: Das zentrale Symbol in Hebbels *Maria Magdalena*. In: Hebbel in neuer Sicht. Hrsg. von Helmut Kreuzer. Stuttgart ²1969. S. 228–246.

Film

Maria Magdalena. Stummfilm Deutschland 1920. Regie: Reinhold Schünzel.

Maria Magdalena. Fernsehfilm. Deutschland 1963. Inszenierung: Rudolf Noelle.

Glutmensch. Ein Film über Friedrich Hebbel. 1974. Produzent: Literarisches Colloquium, Berlin.

Videoband

Hebbel: Maria Magdalena. Ausschnitte aus der Inszenierung von Hansgünter Heyme. Städtische Bühnen Köln. Institut für Film und Bild in Wissenschaft und Unterricht. Grünwald 1978.

Bearbeitung

Kroetz, Franz Xaver: Maria Magdalena. Komödie in drei Akten, frei nach Friedrich Hebbel. 1972. In: F. X. K.: Gesammelte Stücke. Frankfurt a. M. 1975. S. 417–475.

Anmerkungen

1 Friedrich Hebbel, Vorwort zu *Maria Magdalena*, Stuttgart 2002 (Reclams UB, 3173), S. 25.
2 Ebd., S. 26.
3 Vgl. *Der junge Schiffer*, in: Friedrich Hebbel, *Sämtliche Werke*, Bd. 2, hrsg. von Hansludwig Geiger, Berlin [u. a. O.] 1961, S. 13.
4 Georg Hensel am 26. April 1968 in der *Welt* aus Anlass einer Aufführung der *Maria Magdalena* in Darmstadt.
5 Ebd.
6 Armin Eichholz, in: *Die Welt* vom 18. 3. 1999.
7 Hermann Theodor Hettner, *Das moderne Drama*, Braunschweig 1852, S. 109.
8 Kurt May, »Hebbels *Maria Magdalena*«, in: *Form und Bedeutung. Interpretationen deutscher Dichtung des 18. und 19. Jahrhunderts*, Stuttgart 1957, S. 273–298.
9 Benno von Wiese, *Die deutsche Tragödie von Lessing bis Hebbel*, Hamburg ^{4}1958, S. 595.
10 Martin Stern, »Das zentrale Symbol in Hebbels Maria Magdalena«, in: *Hebbel in neuer Sicht*, hrsg. von Helmut Kreuzer, Stuttgart 1963, S. 228–246.
11 Joachim Müller, »Zur Struktur von Hebbels Maria Magdalena«, in: J. M., *Epik, Dramatik, Lyrik*, Halle 1974, S. 310–329.
12 Hartmut Reinhardt, »Friedrich Hebbel, *Maria Magdalena*«, in: Harro Müller-Michaels (Hrsg.), *Deutsche Dramen*, Bd. 1, Königstein i. Ts. 1981, S. 190.
13 Ludger Lütkehaus, »Dualismus und Dialektik«, in: Hilmar Grundmann (Hrsg.), *Friedrich Hebbel. Neue Studien zu Werk und Wirkung*, Heide 1982, S. 112.
14 Günter Häntzschel, »Christian Friedrich Hebbel, *Maria Magdalena*«, in: *Interpretationen: Dramen des 19. Jahrhunderts*, Stuttgart 1997, S. 248.
15 Franz Xaver Kroetz, *Gesammelte Stücke*, Frankfurt a. M. 1975, S. 417–475.

Raum für Notizen

Lektüreschlüssel für Schüler

Andersch: *Sansibar oder der letzte Grund.* 96 S. UB 15311

Jurek Becker: *Jakob der Lügner.* 80 S. UB 15346

Brecht: *Der kaukasische Kreidekreis.* 96 S. UB 15351

Brecht: *Leben des Galilei.* 91 S. UB 15320

Brecht: *Mutter Courage.* 95 S. UB 15329

Büchner: *Dantons Tod.* 96 S. UB 15344

Büchner: *Leonce und Lena.* 96 S. UB 15319

Camus: *L'Étranger.* 93 S. UB 15357

Döblin: *Berlin Alexanderplatz.* 89 S. UB 15317

Droste-Hülshoff: *Die Judenbuche.* 53 S. UB 15305

Dürrenmatt: *Die Physiker.* 77 S. UB 15302

Eichendorff: *Aus dem Leben eines Taugenichts.* 88 S. UB 15306

Fontane: *Effi Briest.* 87 S. UB 15327

Fontane: *Unterm Birnbaum.* 82 S. UB 15307

Frisch: *Andorra.* 78 S. UB 15332

Frisch: *Biedermann und die Brandstifter.* 84 S. UB 15330

Frisch: *Homo faber.* 87 S. UB 15303

Goethe: *Faust I.* 69 S. UB 15301

Goethe: *Götz von Berlichingen.* 71 S. UB 15331

Goethe: *Iphigenie auf Tauris.* 72 S. UB 15350

Goethe: *Die Leiden des jungen Werther.* 75 S. UB 15312

Gotthelf: *Die schwarze Spinne.* 79 S. UB 15336

Grass: *Im Krebsgang*. 96 S. UB 15338

Grass: *Katz und Maus.* 79 S. UB 15304

Hauptmann: *Bahnwärter Thiel.* 70 S. UB 15314

Hebbel: *Maria Magdalena.* 83 S. UB 15361

Heine: *Deutschland. Ein Wintermärchen.* 79 S. UB 15325

Hesse: *Unterm Rad*. 96 S. UB 15340

E.T.A. Hoffmann: *Das Fräulein von Scuderi.* 74 S. UB 15321

E.T.A. Hoffmann: *Der goldne Topf*. 74 S. UB 15326

E.T.A. Hoffmann: *Der Sandmann.* 72 S. UB 15354

Huxley: *Brave New World. Schöne neue Welt.* 79 S. UB 15366

Kafka: *Die Verwandlung*. 94 S. UB 15342

Keller: *Kleider machen Leute.* 87 S. UB 15313

Keller: *Romeo und Julia auf dem Dorfe.* 87 S. UB 15324

Kleist: *Das Erdbeben in Chili.* 79 S. UB 15322

Kleist: *Michael Kohlhaas.* 79 S. UB 15334

Kleist: *Der zerbrochne Krug.* 85 S. UB 15333

Lessing: *Emilia Galotti.* 93 S. UB 15318

Lessing: *Minna von Barnhelm.* 60 S. UB 15323

Lessing: *Nathan der Weise.* 96 S. UB 15316

Thomas Mann: *Mario und der Zauberer.* 72 S. UB 15343

Thomas Mann: *Der Tod in Venedig.* 96 S. UB 15358

Thomas Mann: *Tonio Kröger.* 67 S. UB 15309

Musil: *Die Verwirrungen des Zöglings Törleß.* 96 S. UB 15345

Orwell: *1984.* 68 S. UB 15362

Rhue: *The Wave.* 62 S. UB 15355

Schiller: *Don Karlos.* 88 S. UB 15352

Schiller: *Kabale und Liebe.* 70 S. UB 15335

Schiller: *Maria Stuart.* 84 S. UB 15310

Schiller: *Die Räuber.* 90 S. UB 15328

Schiller: *Der Verbrecher aus verlorener Ehre.* 88 S. UB 15353

Schiller: *Wilhelm Tell.* 78 S. UB 15337

Schlink: *Der Vorleser.* 77 S. UB 15359

Shakespeare: *Romeo and Juliet.* 68 S. UB 15341

Sophokles. *Antigone.* 83 S. UB 15348

Storm: *Der Schimmelreiter.* 96 S. UB 15315

Tieck. *Der blonde Eckbert.* 88 S. UB 15349

Wedekind: *Frühlings Erwachen.* 64 S. UB 15308

Zuckmayer: *Der Hauptmann von Köpenick.* 96 S. UB 15347

Reclam